U0529899

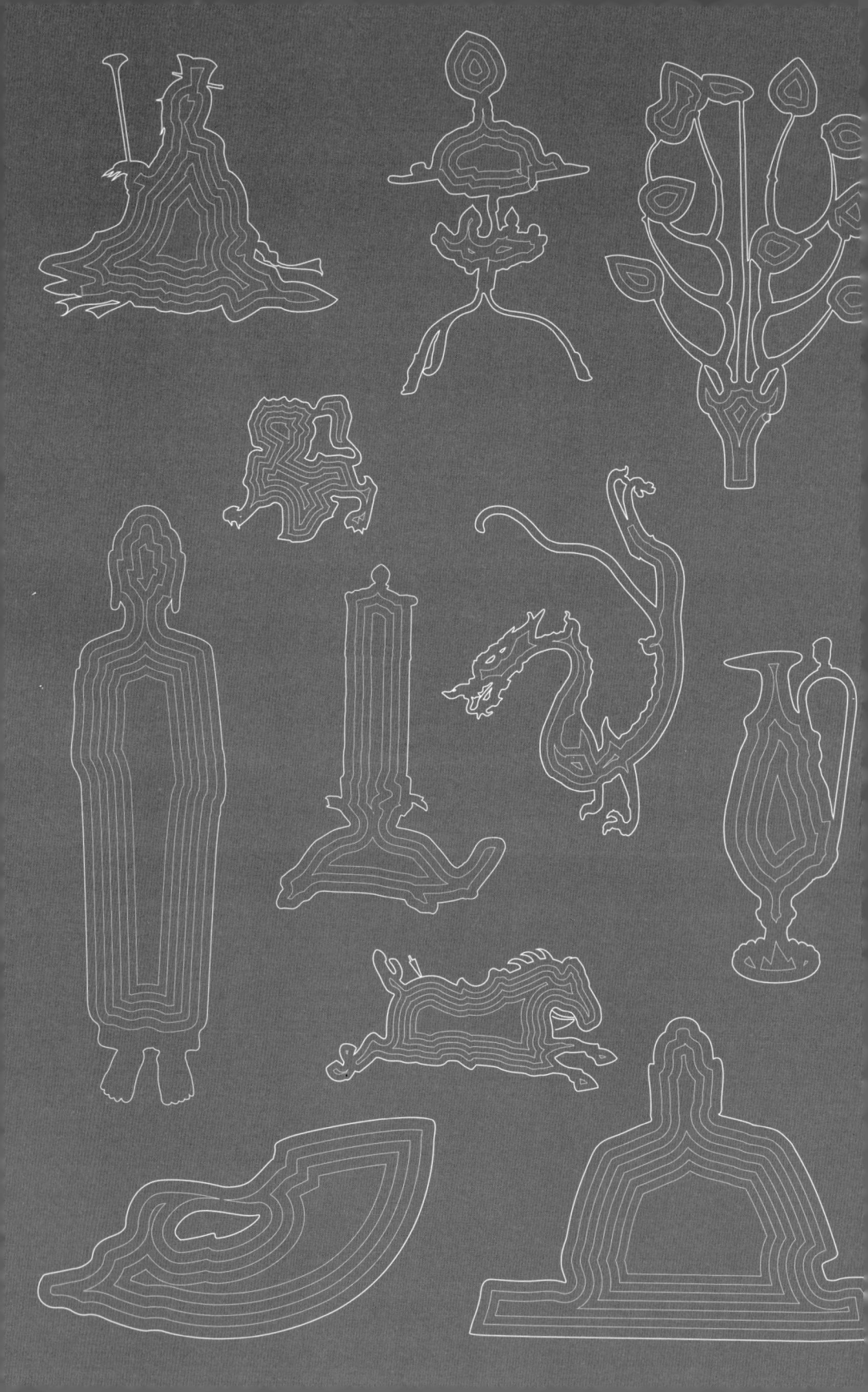

如果国宝会说话

第三季

《如果国宝会说话》节目组 编著

五洲传播出版社

如东国宝会说话

前 言

央视纪录频道优质纪录片《如果国宝会说话》同名图书又与读者见面了，第三季仍然带来25件国宝级文物，25段精彩故事。从《洛神赋图》、《兰亭序》神龙本，到青州龙兴寺佛教造像、云冈昙曜五窟、敦煌飞天，以及昭陵六骏、鎏金铁芯铜龙、法门寺地宫茶具等，它们跨越千年岁月，把多姿多彩、丰富厚重的美呈现在我们面前，体现着中华文明的博大辉煌。

没有中华五千年文明，就没有中国特色、没有中国的文化自信。"中华民族在几千年历史中创造和延续的中华优秀传统文化，是中华民族的根和魂。"适逢《"十四五"文化发展规划》发布，其中明确要求，更加自觉地用文化引领风尚、教育人民、服务社会、推动发展，加强中华文明探源和考古研究成果，打造"让文物说话"展览精品工程，讲好文物故事。《如果国宝会说话》系列，正是体现上述《规划》精神和要求的实践范例。

国宝文物是五千年中华文明的重要见证，它们虽静默不语，却蕴含着丰富的信息。正如沈从文先生所说，真正读懂它们，就要"上下前后，四方求索"，对文物产生和流传时代的历史背景、思想观念、社会风俗、典章制度等有所了解，从而更好地去揭示它们的内涵，阐扬它们的意义。大历史与

如果国宝会说话

小文物有机融合，古老文明与现代观念无缝衔接，这也正是本书努力的方向。我们希望通过这样的努力，使得这些国宝不只是简单的文化符号，更不是干巴巴的流水账，而是让读者真切感受到它们的存在，看到仿佛从历史中走出来的鲜活人物，在真正体味文物之美的基础上，深入探求其历史价值、科学价值、艺术价值。

《如果国宝会说话》系列图书面世之后，深受读者喜爱，前两季中、英文版图书销量已超过10万册。这是对我们的巨大鼓励。现在，我们继续把第三季图书奉献给全世界热爱文化、珍视文物、传承文明的朋友，愿能与读者们一起，共同感受古老文明带给我们的震撼与感动，探索浩瀚丰富的中华文明的广阔时空，推动华夏文物瑰宝与人类文明结晶永续传承。

听懂那些深沉的回响，从而明晰我们所处历史时空的认知和方向。

目录

洛神赋图：所谓伊人 在水一方 ｜ 002

王羲之《兰亭序》神龙本：神往 ｜ 010

竹林七贤与荣启期砖画：六朝模范 ｜ 018

青州龙兴寺佛教造像：生命 ｜ 026

飞天：天衣飞扬 ｜ 034

云冈昙曜五窟：世界在这里大同 ｜ 050

花树状金步摇：一步一欢喜 ｜ 060

鎏金银壶：远来的风 ｜ 070

唐代仕女俑：胖妹的春天 ｜ 080

立狮宝花纹锦：大唐新样 ｜ 090

昭陵六骏：奔腾的纪念碑 ｜ 100

水晶缀十字铁刀：百炼成刀 ｜ 112

回洛仓刻铭砖：天下粮仓 ｜ 124

黄河铁牛：穿越时空的基建 | 136

大秦景教流行中国碑：时间之门 | 146

阿斯塔那俑与文书：折叠时空 | 154

三彩载乐骆驼俑：乐舞大唐春 | 168

银鎏金论语玉烛龟形酒筹筒：将进酒 | 180

长沙窑青釉褐彩诗词壶：一别行千里 | 192

阿斯塔那伏羲女娲图：化生万物 | 202

鎏金铁芯铜龙：龙行在唐 | 212

唐彩绘十二生肖俑：十二生肖 | 222

镶金兽首玛瑙杯：一杯敬万国 | 230

法门寺地宫茶具：不如吃茶 | 240

敦煌经变画：出尘入画 | 250

洛神赋图

所谓伊人 在水一方

洛神赋图（宋摹本）

馆藏：故宫博物院
材质：绢本设色
尺寸：纵 27.1 厘米，横 572.8 厘米
年代：宋

黄初三年（222年），曹植自洛京东返封地。黄昏时，疲惫的旅人到达洛水，车马暂歇。此时，一阵微风吹起。恍惚之间，有位伊人，映入眼帘。烟波浩渺中，那如朝阳般新鲜的一瞥，瞬间击中了旅人内心。

> 黄初三年，余朝京师，还济洛川。古人有言，斯水之神，名曰宓妃。感宋玉对楚王神女之事，遂作斯赋。

——曹植《洛神赋》

如果国宝会说话

洛神赋图

[画面标注：翩若惊鸿、婉若游龙、荣曜秋菊、华茂春松]

洛神有多美？旅人如此形容："翩若惊鸿，婉若游龙，荣曜秋菊，华茂春松。又如云笼月，雪回风般朦胧。"

旅人借洛水传情，以玉佩为邀约。伊人有情，指向流水，以为期许。而命运恰如潜流，动无常则，进止难期。与洛神的盟誓虽近在咫尺，旅人却因人神殊途，陷入犹豫和狐疑。天地间的神灵，都为这未及开始，就已结束的相逢叹息。

风神屏翳（yì）收敛晚风，水神川后止息波涛，河伯冯夷击响神鼓，女娲发出清泠的歌声。而伊人终跨上玉鸾，乘六龙云车离去。旅人逆流而上却追索不得，怅然踏上归途。

河伯冯夷击响神鼓
凤神屏翳收敛晚风
女娲发出清泠的歌声
水神川后止息波涛
乘六龙云车离去

　　魏文帝曹丕即位后，曾经的太子候选人曹植，备受猜忌。前路已暗淡，心事更难言。回首西顾，他留恋的究竟是洛神，还是那个与洛水相连，牵系着他精神生命的洛京？洛水中映出的究竟是至美的爱情，还是穷途之际，超越理性极限的幻境？

　　魏晋三百年来，个体的自我意识，在秩序解体的痛苦中觉醒。绘画也从旨在教化，转向对个体情感与多元价值的表达。一曲失意人的哀歌，化作线缕丝丝，落在超过五米的长卷上，绵长婉转。

故宫甲本

辽博藏本

    《洛神赋图》存世九个版本。学界多认为，故宫甲本和辽宁省博物馆的藏本，是临自同一母本的宋人摹本，画风有六朝遗韵。母本应当创作于公元6世纪，传为东晋顾恺之所作，未有确论。

    洛神，从《诗经》的蒹葭苍茫和《离骚》的万千云气中浮现，带着对美的无限向往，却永不可得的缺憾，奠定了东方审美的底色，也为中国绘画带来了第一缕灵动的微风，吹开了一个新的时代。

洛神的象征意义

　　《洛神赋图》的创作源于三国时代曹植的《洛神赋》，此赋词句华丽优美，且用了大量创新的比喻去描写作者见到的洛神，使读者无不沉醉于洛神之美。究竟曹植笔下，那个"翩若惊鸿，婉若游龙"的洛神是谁？是真有其人，还是一种理想的象征？历年来，人们对这个问题有着不少争议。

　　对于洛神的象征意义，学界最主流的看法有两种。一是把《洛神赋》视为一个爱情故事，洛神反映曹丕的妻子，甄氏；另一个则把《洛神赋》看作政治讽刺的文学作品，洛神反映了曹植心中的君王。

　　把《洛神赋》视为爱情故事一说由来甚久。这种观点来源于唐代李善。他为《文选》作注的时候，写到《感鄄赋》又为《感甄赋》，意思是曹植感慨甄氏之死。后来甄氏之子魏明帝曹叡因为避嫌将其改名为《洛神赋》。

　　后来的很多文人都采用了李善的说法，把此赋视为写给甄氏的文学作品，例如唐代诗人元稹在《代曲江老人百韵》写到"班女恩移赵，思王赋感甄"，李商隐在《东阿王》写到"国事分明属灌均，西陵魂断夜来人。君王不得为天子，半为当时赋洛神"。为了传颂曹植与甄氏的爱情，唐代更有小说《感甄记》，人们无不为这段感情而惋惜。

到了清代，学者们纷纷质疑洛神是甄氏这个说法，所谓《洛神赋》是寄托对甄氏的爱意，只是人们穿凿附会。于是，人们又提出了洛神是"寄心君王"这个说法。清代的丁晏指出"序明云拟宋玉神女为赋，寄心君王，托之宓妃、洛神，犹屈宋之志也，而俗说乃诬为感甄，岂不谬哉"。认为把洛神看作感甄是荒谬的，他以宋玉写《神女赋》为例，说明用神仙女子作为象征，表达作者内心对君主的向往，在文学史上并不罕见。清代的学者甚至对于把洛神视为甄氏大为反感。经学大师潘德舆指出"不解注此赋者，何以阑入甄后一事，致使忠爱之苦心，诬为禽兽之恶行，千古奇冤，莫大于此"。他还指斥赞同"感甄"说的人是"文人轻薄，不顾事之有无，作此谰语，而又喋喋不已，真可痛恨"。最后他下了断语："《洛神赋》纯是爱君恋阙之词"，这就是"寄心君王"说。

除了上述两个主流看法，后人对于洛神的原型还有其他说法。有人仍认为此赋所写的洛神的确是甄氏，但当中无关爱情。还有学者提出，这种精神寄托既非爱情，也非政治。甚至也有人认为洛神是曹植死去的妻子。在没有足够的历史证据下，曹植笔下的洛神到底是谁，只能是一个不解的谜题。

(连泳欣)

王羲之
《兰亭序》神龙本

神往

王羲之《兰亭序》神龙本

馆藏：故宫博物院

材质：纸本

尺寸：纵 24.5 厘米，横 69.9 厘米

年代：唐

王羲之与友 41 人在兰亭雅集，众人将所赋诗词辑成并邀他作序。

永和九年，岁在癸丑，暮春之初，会于会稽山阴之兰亭，修禊事也。群贤毕至，少长咸集。此地有崇山峻岭，茂林修竹，又有清流激湍，映带左右，引以为流觞曲水，列坐其次。虽无丝竹管弦之盛，一觞一咏，亦足以畅叙幽情。

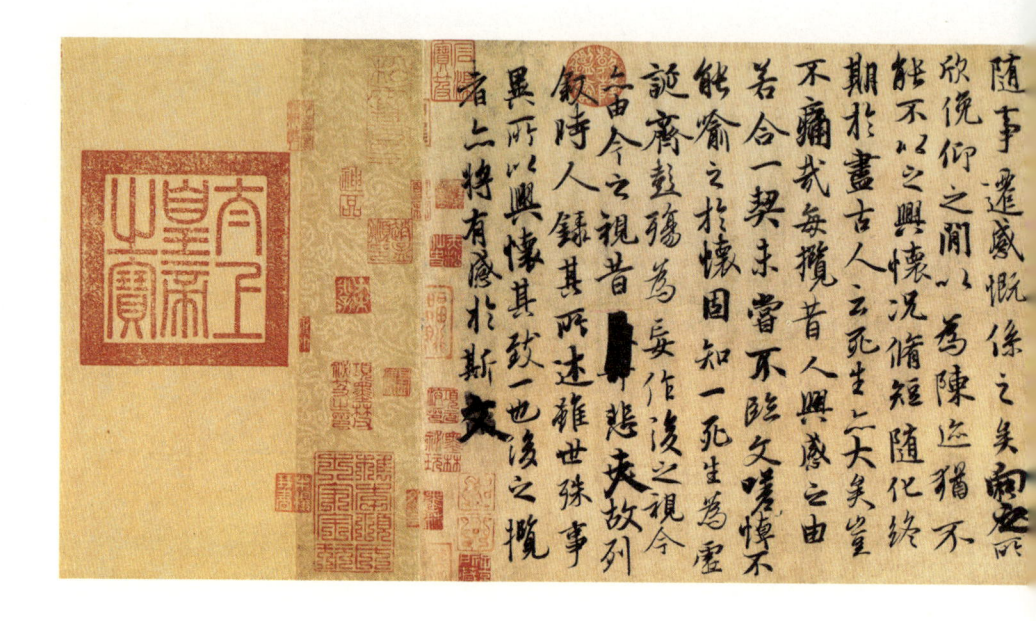

是日也，天朗气清，惠风和畅。仰观宇宙之大，俯察品类之盛，所以游目骋怀，足以极视听之娱，信可乐也。

夫人之相与，俯仰一世。或取诸怀抱，悟言一室之内；或因寄所托，放浪形骸之外。虽趣舍万殊，静躁不同，当其欣于所遇，暂得于己，快然自足，不知老之将至；及其所之既倦，情随事迁，感慨系之矣。向之所欣，俯仰之间，已为陈迹，犹不能不以之兴怀，况修短随化，终期于尽！古人云："死生亦大矣。"岂不痛哉！

每览昔人兴感之由，若合一契，未尝不临文嗟悼，不能喻之于怀。固知一死生为虚诞，齐彭殇为妄作。后之视今，亦犹今之视昔，悲夫！故列叙时人，录其所述，虽世殊事异，所以兴怀，其致一也。后之览者，亦将有感于斯文。

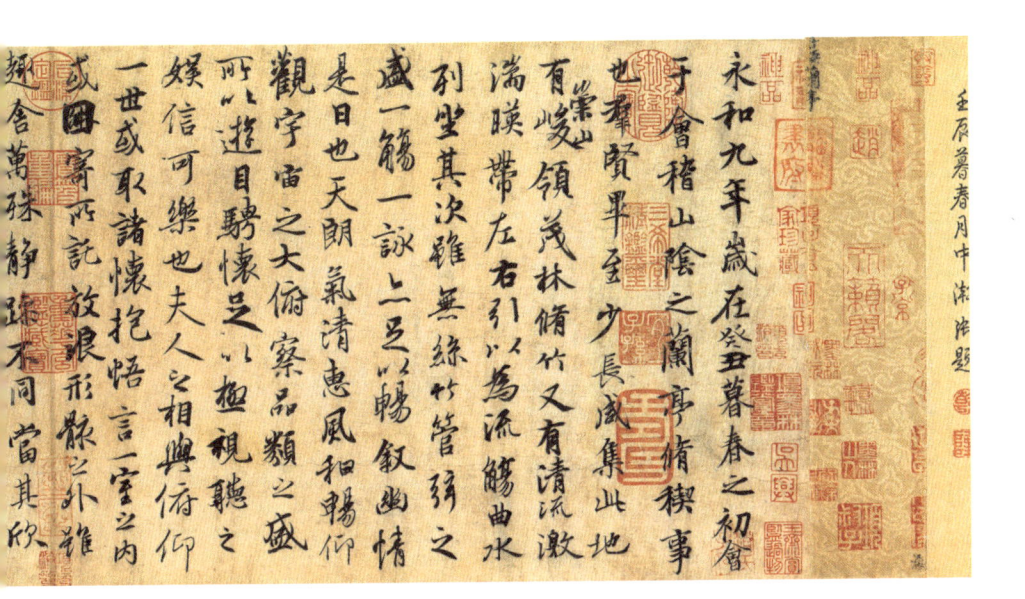

王羲之《兰亭序》神龙本

王羲之《兰亭序》原作自初唐之后便不知所踪，唐代即有《兰亭序》五大书法家的摹本，此版传为唐代内府榻书官冯承素所摹，因有"神龙"二字的左半小印称为"神龙本"。唐、宋、清代的皇帝都对兰亭序推崇备至，宋代书法家米芾称《兰亭序》为"天下第一行书"，王羲之更被后世公认为书圣，《兰亭序》被奉为浑然天成的千古绝唱。

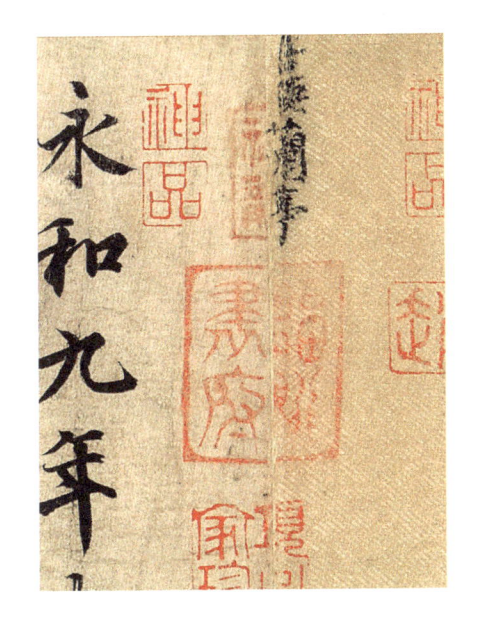

魏晋时期的文人雅集

现存的《兰亭序》摹本，通篇共 324 字，一气呵成又参差多变，有着"天下第一行书"的赞誉。因为《兰亭集序》的成就，使得东晋永和九年（353 年）的一场文人诗会——兰亭雅集留名史册，为我们展现了魏晋文人社会文化活动的风貌，这也就是我们今天要谈的文人"雅集"。

雅集，有些像我们今天的文化沙龙与聚会派对的结合体，当中有社交、有文化创作交流，也有休闲饮食。在《兰亭集序》中，我们可以看到丰富的细节：群贤毕至、纵情山水、曲水流觞、觥筹交错、吟诗作赋……总的来讲，就是一种将宴饮娱乐与文学创作相结合的社会活动，参与者大都是文人名士，一场场集会都带着风雅的基调，也因此被称为"雅集"。

恭王府沁秋亭内的曲水流觞

雅集这种文化盛会起源较早，先秦和汉代已有一些类似的活动，但真正形成雅集风气的，是在汉末魏晋时期。战争离乱促进了一批批文人的独立与自我觉醒，造就了独特的魏晋风度，文人士大夫们开始追求自我个性的解放。雅集便是魏晋文人名士彰显自由、表达自我的重要途径，当中也诞生了极其精彩的诗文与书法作品。

三国魏晋时期文人雅集的典范，当然首推兰亭雅集。一般认为，兰亭雅集的召集者是王羲之，参与者主体是东晋显赫士族的精英人物，共 40 多人。比如有后来成为东晋玄言诗代表作家的孙绰和有"江左风流宰相"之称的谢安，可以说是群星璀璨的一次文坛盛会了。不止如此，兰亭集会中提及的作诗形式——"曲水流觞"，也成为了后世文人效仿的对象，甚至还影响到了日本等邻国，如今在日本还留有许多关于曲水流觞的遗迹。

故宫宁寿宫禊赏亭内的曲水流觞

南京西善桥南朝墓葬 竹林七贤与荣启期画像砖

　　除了兰亭雅集，常为人称道的雅集还有邺下雅集以及竹林之游。邺下雅集的核心是曹氏父子和建安七子，因为他们云集在曹魏政权的都城邺城而得名。"竹林之游"也是久负盛名的集会，因嵇康、阮籍、山涛、向秀、刘伶、王戎及阮咸七人常在竹林之中饮酒而得名，他们七人也被称为"竹林七贤"。竹林七贤的形成与当时的政治形势有关，他们为逃避剧烈的权力斗争，不得已而选择遁入山林，饮酒、服药、清谈。在后世，竹林七贤逐渐成为高士精神的象征，被贵族知识分子所仿效。同时，七贤也成为后世画家竞相描绘的绘画主题。比如在南朝的高等级陵墓中，常见有竹林七贤画像砖。唐代张彦远在《历代名画记》中也提有一些七贤题材的绘画。

王羲之《兰亭序》神龙本

文徵明《兰亭修禊图》局部 | 故宫博物院藏

  东晋之后，文人于山水间饮酒赋诗的文化形态一直延续了下去，比较著名的有宋代的西园雅集、元代的玉山雅集、明代的文人结社等等。至于代表了魏晋潇洒、风流、放达气度的兰亭雅集，更是令后世无数文人神往，几乎可以说是文人活动的理想状态了。此外，伴随着文人雅集的流行，后世画家也将目光投注于这一文学形式之上，逐渐成为文人画派最为热衷表现的题材。一系列以文人雅集为题材的绘画层出不穷，赵孟頫、文徵明、仇英等画坛名手都留有传世之作，从他们的画作中，我们也依稀可见当时的雅集盛况。

（贾楠）

017

竹林七贤与荣启期砖画

六朝模范

竹林七贤与荣启期砖画

馆藏：南京博物院
出土：1960 年江苏南京西善桥宫山墓
尺寸：共两组，每组高 78 厘米，长 242.5 厘米
年代：东晋

  隐士、树木、题名，294 块编有序号的砖纵横堆叠，拼凑出隐隐远去的时代模范，以及沉寂已久的图像经典。竹林七贤与荣启期砖画出土于南京西善桥宫山墓，时代大致锁定在南朝前期。这组画面集合了魏晋之际的竹林七贤和春秋时期的隐士荣启期，呈现了存世最早的七贤群像，也是已知作品中此番阵容的首度登场。

如果 国宝 会说话

八位人物姿态潇洒，位置相称地分居两壁，由不同种类的树间隔和连接。这个场景仿如梦境，让后世文人无限向往。在这个梦中，山稳固，水潺流。嵇康轻叹，《广陵散》于今绝矣，四十而终。阮籍独自驾车，行到路尽头，号啕大哭，而后折返。望穿云烟的山涛，酣畅醉卧

高逸图　唐｜上海博物馆藏

的刘伶，吟诵《思旧赋》的向秀，擅长弹奏的阮咸，善于清谈的王戎。六朝多名士，板荡出风流。东晋时人们称颂的"竹林七贤"，在南朝仍是精神楷模。

六朝的建康，孕育过中国历史上第一批垂范史册的艺术家。画史记载，顾恺之、戴逵、陆探微，都创作过七贤或荣启期像。巨匠的手笔，百工所范，是图像的经典范本，被世人奉为圭臬。砖画线条简洁，笔虽草草，却气韵盎然。它复刻的原型，极有可能是宫廷收藏的名作。工匠把大师的笔迹翻制成模，小心复制，令轻柔的画卷跃上坚硬的砖面，最终镶嵌在皇族墓葬的墙壁，前朝贤者与今世名流共处一室。楷模、风范，是对壁上贤达的最佳赞誉。模与范，原意指复刻作品，复制经典。这幅南朝砖画，表里都恰如其义。丝帛承载的原型，与真容一起消散，经过转译的图像，成为更容易流传的杰作。我们遍寻散落尘寰的六朝画迹，埋藏在建康城外的砖画，竟是与名家真迹距离最近的摹本。

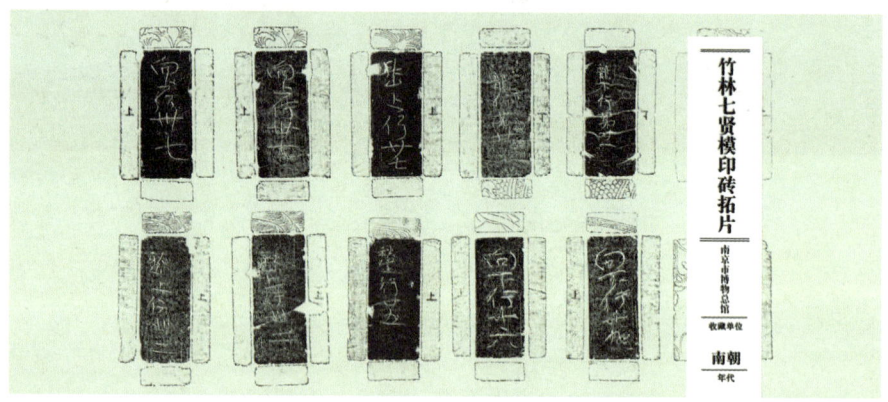

七贤砖印壁画拓片
南京市博物总馆 收藏单位
南朝 年代

竹林七贤模印砖拓片
南京市博物总馆 收藏单位
南朝 年代

  2010年，在离西善桥不远的石子冈，出土了与宫山墓同模的砖画。只不过次序极为凌乱，像被失手打翻的拼图碎片。暗藏在墓砖侧面的编码，存储着拼图的线索，等待后来人整理，拼凑出一个时代传奇。

  站在砖壁前，我们仍能感到，迎面拂来的那阵山风，吹来的未泯的典范，和对纯真生命的深深渴望。

> 知识链接

竹林七贤与荣启期的跨时代对话

荣启期，字昌伯，春秋时期郕（chéng）国（今山东汶上县北）人。关于荣启期的生卒年份众说纷纭，有道他生于公元前571年，也有人说他是生于周定王十二年，即公元前595年。在年龄上也有几个不同的说法，有的说他终年95岁，有的说98岁，但无论哪个说法，以当时来说荣启期都可称得是长寿的代表。

为什么关于荣启期的数据那么不准确？翻查历史古籍，我们可以知道荣启期的名字曾出现在《列子》和《孔子家语》中，下面是一段关于荣启期与孔子的对话：

> 孔子见荣启期，衣鹿皮裘，鼓瑟而歌。孔子问曰："先生何乐也？"对曰："吾乐甚多。天生万物唯人为贵，吾既已得为人，是一乐也。人以男为贵，吾既已得为男，是二乐也。人生不免襁褓，吾年已九十五，是三乐也。夫贫者士之常也，死者民之终也，处常待终，当何忧乎？"
>
> （《说苑·杂言》）

对话中显示了荣启期对生命的态度，他不在意自己在别人眼中是一个衣衫褴褛的落魄老者，而是觉得单单是"生而为人、生为男子和活到老"便足够让自己觉得快乐。荣启期的"人生三乐"反映了他返璞归真、回归自然的特质。这种坦然自若的生活态度吸引了很多后来的文人学者，很多文人都曾写诗词歌颂荣启期。比如陶渊明的《饮酒》："九十行带索，饥寒况当年。不赖固穷节，百世当谁传？"写的就是荣启期行年九十，以绳索为衣带，鼓琴而歌，虽然贫寒却坦然处之。又如唐代吴筠的《怀古·高士咏》："荣期信

知止，带索无所求。外物非我尚，琴歌自优游。"短短几句赞扬了荣启期那种不执着于外来之物的豁达。白居易的《咏兴五首·解印出公府》写道："饱于东方朔，乐于荣启期。"荣启期那种怡然自得成为了文人眼中快乐的代表。

1960年，在南京西善桥宫山北麓南朝帝王陵墓中，发现在墓室南北两壁上，用近300枚砖拼合成两幅砖画，内容是魏晋时的名士竹林七贤和春秋时的隐士荣启期。他们之间相差700多年，却出现在同一画面中，时空交错，在林间席地而坐，饮酒弹琴。

究竟为什么当时的人要把竹林七贤和荣启期这两个不同时代的人物放在一起呢？荣启期象征的是一种豁然开朗的宿命论，而竹林七贤象征的也同样是一种放达、任性而行的生活方式。

今天我们用竹林七贤去统称阮籍、嵇康、山涛、向秀、刘伶、阮咸、王戎七人，实是根据《世说新语·任诞》记载："七人常集于竹林之下，肆意酣畅，故世谓竹林七贤"。实际上竹林七贤并不是经常聚集在一起，也不一定是聚在有

竹林的地方。陈寅恪先生就认为"七贤"是取自《论语》"作者七人之事数"，而"竹林"则是来自佛教"天竺竹林之名"。事实上，与其说竹林七贤是一个真实团体，不如说是一个精神的象征。

"竹林七贤"之名形成于东晋，七人之所以被人们统称为竹林七贤，归根究底是他们都有着放达任性、不受世俗所拘束的性格特质。竹林七贤生活在曹魏后期，正始十年（249年），司马懿发动了政变，打击曹爽等人，并进一步巩固自己的势力，大肆消灭异己。在这种背景底下，士人名士对政治的观感趋向逃避和恐惧，选择隐居避世，并纷纷转移到玄学清谈。

竹林七贤这七个人不拘礼法，不贪图高官厚禄，形象鲜明突出。最让人熟悉的莫过于他们在林中喝酒纵歌，自然洒脱的模样。七贤虽然各有特点，但整体思想都倡导任性自然，打破常规，与荣启期的知足常乐、不理世俗眼光有着共同之处。从出土墓葬发现，竹林七贤与荣启期砖画出现在不少的南北朝墓葬之中，迄今为止，有"竹林七贤与荣启期"大型砖印壁画的墓一共发现了六座，未被发现的一定更多。可以知道，竹林七贤和荣启期等人象征的淡泊、超脱，也是当时人们心中的渴求。把竹林七贤和荣启期这两组不同时代的人物放在一起不是偶然，而是时人一种约定俗成的组合，把两组人物跨时代的组合在一起，也不是错误形成，而是反映他们对自然的一种精神追求。

（连泳欣）

青州龙兴寺佛教造像

生命

贴金彩绘石雕佛立像

馆藏：青州博物馆
出土：1996年山东青州龙兴寺遗址
年代：北齐

　　初生的他，拥有一张圆脸，笑得像个孩子。他的颧骨与鼻头高高隆起，如山峦、如丘陵；眼睛、眉毛，如沟壑、如大川。

　　青州佛造像兴于南北朝时代。那时，人们凿空山石，在自然材料上留下人类思维活动的痕迹。他的第一次生命就此诞生。右手竖立在胸前，掌心向外。这是佛教中常见的"无畏印"。左手搭在腰际，仿佛福祉会从掌心流向指尖。

如果国宝会说话

青州龙兴寺佛教造像

　　珊瑚、玛瑙等宝石构成的珠串折射着人类对于极乐的向往，意味着一个没有战乱，人人富足的世界，这是一个完美的化身。

　　可是，当我们再次凝视青州佛造像，依然可见他那被笑容覆盖的哀伤。考古工作者从被毁坏的佛像身上发现，这些造像似乎遭到多次焚毁，从北魏至北宋的500年，他们的身躯遭到毁灭，最终被龙兴寺僧人集中掩埋。

地面下，他的肢体逐渐瓦解，而人心得以滋生。如果细细看去，这间屋子里的所有佛像都有被修补的痕迹。人类用自己短暂的生命赋予佛像更长久的存在，从而那些在佛像漫长生命中走过的人得以在我们的脑海中重生。

1500年过去了，注视过这些佛像的大多数人都成为雕塑的一部分。有人曾经亲眼目睹他的袈裟从鲜红变成淡红，也有人见证了他脸上的金箔一片片地脱落。你可能会问为什么人们不把这些碎片全部拼接，恢复他完美的样子？因为人们发现，在这些无数的疤痕中见到了一个又一个历史的细节，在这些星辰般的碎片里，看到了人类在苦难中前行的脚步。我们哭着降临世界，却可以笑着走向永恒。

青州龙兴寺窖藏贴金彩绘石雕菩萨立像
东魏 | 青州博物馆藏

知识链接

中国历史上的佞佛与毁佛

佛教起源于印度，两汉之际传入中国，东汉末年开始逐步兴盛。《后汉书·陶谦传》记载东汉末年，生性残暴却笃信佛教的笮（zé）融"大起浮屠寺。上累金盘，下为重楼，又堂阁周回，可容三千许人。作黄金涂像，衣以锦彩。"浮屠即佛塔，可知此时已经有规模宏大的佛寺修建了。但是佛教在中国的发展并不是一帆风顺的，中国历史上佛教也经历了几场大起大落。

佞佛即是过分地信奉和弘扬佛教，在佛教踏入中原不久后的南北朝时期就出现了中国历史上第一个佞佛高峰。其中最具代表的就是梁朝的创建者梁武帝，其年轻时战功赫赫但在晚年痴迷于佛法，他自己曾经四次褪下龙袍而前往同泰寺舍身出家，朝廷不得不几次出资上亿钱给寺庙为其赎身。此外他还提出了僧侣不能吃荤和近女色的要求，从而成为中国佛教延续至今的特色。为了弘扬佛法，他下令传抄经文、广建佛寺，以至于唐代诗人杜牧在几百年之后仍能感叹"南朝四百八十寺，多少楼台烟雨中。"（《江南春》）而让

法门寺地宫出土宝珠顶单檐四门纯金塔及佛指舍利

法门寺地宫出土的鎏金四天王盝顶银宝函

人不得不唏嘘的是这位笃信佛教的皇帝，却因佛事荒废了政事，最后落得一个饥渴而死的结局。此后各朝各代仍不断有佞佛的帝王出现，例如唐朝多位帝王为供奉法门寺佛指舍利，都会用金银镶嵌珠宝制作的多重宝函，还有精美的金银茶具等进献佛祖，尽显皇室奢华之风。元和十四年（819年），唐宪宗再次斥巨资迎奉佛骨，刑部侍郎韩愈认为实在荒唐，上表劝谏宪宗，要求将佛骨烧毁，宪宗看后大怒，将韩愈贬黜潮州。

而辽代作为一个少数民族政权，却也因深受中原佛教影响而走向一条佞佛之路。辽代统治者不仅广修寺院，更对僧侣加官进爵，甚至经常举行动辄上万人的"饭僧"活动，由政府出资供养僧侣。其结果不仅是大量金钱的消耗，

辽庆州白塔天宫出土的金本相轮樘中陀罗尼咒

佛教仁义的信条更是对其战斗意志的消磨。因而元朝人感慨辽因为崇信佛教而衰亡，金由于任用儒士而倾覆。

如果佞佛带给佛教的是丰厚的财富和崇高的社会地位，那么毁佛就是硬币的另一面，带来的则是对佛教的无情鞭挞与沉重打击。在中国历史上著名的毁佛事件有四次，包括北魏太武帝拓跋焘、北周武帝宇文邕、唐武宗李炎和后周世宗柴荣。其中最为著名的当属唐武宗毁佛。在武宗之前唐代多位皇帝都是崇信佛教的，甚至不乏佞佛者。但是到了唐代后期，过分发展的佛教一方面占据了大量的劳动力资源，数量庞大的僧侣由朝廷或百姓供养，不担赋税不服徭役，成为朝廷的心头之患。因而唐武宗毁佛之举使得僧尼迫令还俗者共26万人，释放供寺院役使的良人50万以上。除此之外佛寺还占据着大量的田地，这些田地也不用赋税，加之朝廷给寺庙供奉的钱实在是一笔很大的支出，因而此次运动中有四千多所寺院被拆除。

青州龙兴寺窖藏的数量庞大的残损佛像，正是大规模毁佛运动的结果。毁佛运动中寺庙被拆毁，僧侣被迫还俗，而原有的佛像则大都被摧毁，石刻佛像被打碎，铜制佛像则大都被融化铸币。

（魏镇）

飞天

天衣飞扬

莫高窟 285 窟飞天

馆藏：敦煌研究院
年代：西魏

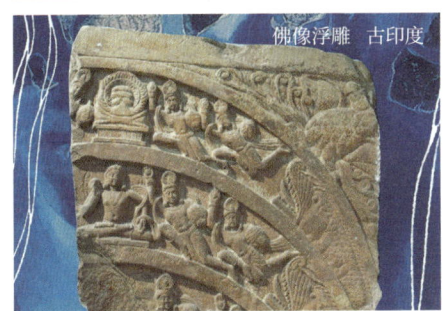

天人 古印度

天人 古印度

佛像浮雕 古印度

佛坐像 古印度

飘浮，飘浮，蔚蓝天空下，缤纷花雨中，溅起彩色的涟漪。那是我们在向上，升腾，起舞。我生在恒河流域，温润季风和沃土孕育了我丰硕的身体，我们享受两两相伴的欢愉，围绕着神祇与佛陀。香气袅袅间，司奏伎乐，能微妙音响，能作歌舞。

乘着季风，我飘向北方天空，无垠宽阔。遇见了身生双翼的天使，结伴向东。邂逅乘愿西飞的羽人，得到来自东方的精神灌注。飞越高原，飞越沙漠，最终，我们遇见一片神奇的崖壁。飞进洞窟中的佛国天地，无数个我终于能融合成我们。

新疆若羌米兰带翼天使

酒泉丁家闸5号墓羽人

洞窟得名"莫高"，初开时，我们即在。在这极乐世界里，我们散花供养，欢喜乐舞。画师用凹凸法和晕染法将我们描绘，头上的束髻和宝冠是来自故乡恒河的记忆。我们以"U"形的身姿，努力跳脱重力束缚。半裸的身体立体浑圆，伴随着鲜花，肉身与飘带在空中游戏。

再 100 多年，骆驼从西域载来升腾的火焰。纯净、激烈的火焰，幻化吞吐之形，与中原的神思飞扬相遇，映照出我们的裙裾，如山峦叠嶂。我们起舞的身影，愈发清秀、纤细、起舞不停。

莫高窟272窟 飞天 十六国｜敦煌研究院

舞进大气开合且短暂的隋代，30多年间，崖壁上新开的70多个石窟里，都留下我们舞动的涟漪。有时，我们是庞大的歌阵，顺应火焰的方向，掠动着卷涌的流云。有时，我们是天庭的出行先导，鼓动起疾驰的飙风，层叠缤纷。之后，我们飞进一片湛蓝通透。那蓝色，或许来自河西蓝铜矿中萃取的石青，

莫高窟285窟飞天　西魏｜敦煌研究院

莫高窟249窟飞天　西魏｜敦煌研究院

莫高窟249窟飞天　西魏｜敦煌研究院

莫高窟412窟飞天　隋｜敦煌研究院

更来自我们嬉戏悠游所搅动的无尽自由。我们在花草树木，亭台楼阁间曼妙穿行。要什么云、气、风、火或翅膀？线条与空间的交错流转，就能勾勒我们飞行的模样。

莫高窟321窟飞天 初唐 | 敦煌研究院

莫高窟217窟主室北壁 盛唐｜敦煌研究院

十六国　西魏　北周　隋　初唐　盛唐

1650余年，270多个洞窟，4500多身形象，诸天伎乐，百千万种。我们乘着时代的风云，以微毫诠释盛大，且歌且舞而来。我们曼妙丰姿里，就是生命。我们轻盈飞过处，就是天空。

> 知识链接

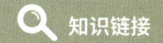

追求飞翔的梦想

像鸟儿一样生出双翼,自由飞翔,一直是古人所追寻的梦想,也是他们眼中神灵、仙人的标志。神仙之说兴起于战国时的燕、齐一带,秦汉时期,神仙思想盛行,秦始皇和汉武帝均为求仙活动的热衷者。上行下效,"羽化而登仙"的思想弥漫整个社会。

东汉王充在《论衡·道虚》中提到"为道学仙之人,能先生数寸之羽毛,从地自奋,生楼台之阶,乃可谓升天"。由此可见,仙人需有羽翼。而这一时期的诸多文献和考古材料中,常出现一种肩生双翅,面貌独特的仙人形象——"羽人"。

鎏金铜羽人 汉 | 洛阳博物馆藏

"羽人"长什么样子？我们可以从出土的青铜羽人像中来看看。1987年，这件羽人出土于洛阳东郊的一个东汉中晚期墓葬中，它通体鎏金，制作精美，呈跽坐状，双手合抱一前方后圆筒形器。羽人面目奇特，大耳出顶，深目高鼻，下颌有短须，发披于脑后，身穿束带紧身长衣，肩后翘起双翅，腿部亦雕刻成羽翅造型，全身刻有线条纤细的羽纹、卷草纹和云气纹。双手所持筒形器内部中空，上饰三角形及云气纹，显得华丽奇幻。

汉诗《长歌行》有云："仙人骑白鹿，发短耳何长。导我上太华，揽芝获赤幢。来到主人门，奉药一玉箱。主人服此药，身体日康强。发白复更黑，延年寿命长。"可以看出，这件青铜羽人与汉代文学作品中记载的仙人非常相似，拥有披肩短发和两只伸出头顶的长耳，为主人带来永葆青春的仙药。

除了肩生双翅、长相奇特的羽人外，古人还相信有其他人首神兽——"千秋万岁"，同样可以飞翔于天际，长生不老。

"千秋万岁"本是秦汉时期常用的祝福之语，寓意千年万年，长生不死，岁月长久。东晋葛洪在《抱朴子·内篇》中写道："千岁之鸟，万岁之禽，皆人面而鸟身，寿亦如其名"，人面鸟身的形象被称作"千秋万岁"。这是文献中最早有关"千秋万岁"形象的记载。

1958年在河南邓县南北朝时期砖墓中，出土有一块彩色画像砖，砖体边框为凸线，外沿饰莲花、忍冬纹样图案。其左边为人面鸟身，着开襟衫，两翼张开，长尾向后上扬，双爪并列，作欲振翅高飞状，身后有"千秋"榜题。右边为兽首鸟身鸟爪的形象，身后有"万岁"的榜题。深受两汉时期道教的神仙理论影响，"千秋万岁"从一句祝福之语，化作人面鸟身、长生不死的神兽，负责接引墓主人离开人间，升往仙境。

除了我国本土神话中有带翼的神仙外，西域也有此类的形象。米兰古城

河南邓县千秋万岁图画像砖 南朝 | 中国国家博物馆藏

米兰古城遗址

位于新疆维吾尔自治区若羌县城东40公里处，这里地处东西方陆路交通要冲，是中外经济文化的汇集点。古代高僧法显、宋云、惠生、玄奘等人在西去天竺或东归故里的途中，都曾在这里拜佛讲法。在这片黄沙下，隐藏着千年遗迹。

1906年12月，英国探险家斯坦因考察米兰古城，清理一座土坯寺院建筑时，在墙上发现精美的带翅膀天使画像，他在自己的日记中写道："我完全惊呆了！我怎么想得到，在靠近荒凉的罗布泊盐碱大漠的地方，在中亚腹地，能见到古典希腊风格的小天使，这真是不可思议！他们神态优雅，使人回想起基督教艺术形象中的经典景观，可他们在这个明显是佛教寺院的墙上，究竟作何用途？"

"有翼天使"壁画　米兰古城遗址出土｜大英博物馆藏

这些"有翼天使"是青少年男子形象，有睁得大大的灵活有神的眼睛，嘴唇微合，鼻子修长，鼻头略有钩状，光头上留有发髻，身着浅圆领套头衣衫，身后生双翼。绘画技法中利用光与影和凹凸法造成的立体效果，这些风格都与中原的绘画风格完全不同，体现了鲜明的希腊式犍陀罗艺术风格。斯坦因将7幅较完整的有翼人物画像揭走，现藏英国伦敦大英博物馆内。从已发表的资料来看，该地区发现的同类壁画已达到10余幅，这足以说明，这种有翼人物的绘画在米兰地区曾十分流行。

佛祖与六僧侣壁画　米兰古城遗址出土 | 印度国家博物馆藏

　　斯坦因震惊于这些在佛教建筑中发现的"天使"形象，而这些东西合璧的"有翼天使"也轰动了整个欧洲文化界和考古界。其实，他们并不是基督教中的爱神天使（Angel），而是佛教中的神鸟——迦陵频伽，梵语作kalavinka，意译作美音鸟、妙声鸟。据《大般若波罗蜜多经》《新华严经》等佛经，此鸟产自印度，本出自雪山，色黑似雀，羽毛甚美，喙呈赤色。他们能发出美妙的声音，音声清婉，为一切鸟声所不能及。传说佛在祇园精舍供养日时，迦陵频伽前来献歌，因此迦陵频伽的美妙声音还象征佛的法音，供奉在佛像之前。

迦陵频伽建筑构件　西夏｜宁夏博物馆藏

米兰遗址中的迦陵频伽是带有翅膀的美少年形象，传入敦煌后，多是鸟身人首的乐伎造像，上半身为人，下半身为鸟，身体类似仙鹤，两腿修长，双翅，头部是童子或者菩萨形象。到了西夏王朝，作为建筑构件的迦陵频伽，风格跟敦煌等地区大不相同，采用双手合十的造型。由于使用功能的限制，修长的双腿和蔓草纹卷尾已不复存在。

敦煌中那些自由自在的飞天形象，一般认为是印度文化、西域文化、中原文化共同孕育成的。它是佛教天人、道教羽人、西域"有翼天使"等形象的长期交流和融合。敦煌的飞天不长翅膀、不生羽毛，凭借飘逸的衣裙、飞舞的彩带就能凌空翱翔。他们自由自在，他们是中国艺术家最天才的创作，也是中华文化博大包容性的一个体现。

（杨小燕）

云冈昙曜五窟

世界在这里大同

云冈石窟第二十窟

馆藏：云冈石窟
尺寸：坐佛高 13.7 米
年代：北魏

　　大佛，腾云而来，本来就在空中，经由雕刻者的手，才被人们的眼睛所见。公元 460 年到 465 年，一万名工匠在僧人昙曜的主持下，在山西大同武周山南麓绵延一公里的山崖之上，建造了云冈石窟最初的五窟。五窟的佛像，是北魏历史上五位皇帝的面容。一个历史上的王朝，试图将自己的治国梦想和佛经连接起来。因为昙曜向北魏皇帝描绘了一个美好的佛教世界，在这个世界里，王朝的君主同样也是得到大成就的修行者。他们维持国家治理的方式，不是依靠军事武力或者暴政，而是通过慈悲为怀的广阔心胸。只有通过这样的修行，皇帝才能享受佛的最高荣誉。

如果国宝会说话

云冈昙曜五窟

云冈石窟 第十六窟 佛立像

云冈石窟 第十八窟 佛立像

云冈石窟 第十七窟 交脚菩萨像

053

云冈石窟 第十九窟 佛坐像

云冈石窟 第二十窟 佛坐像

  从一朵绽放的莲花，一件千佛的法衣，从头上的冠、眉眼中的表情，到身上的璎珞，经由雕刻，他们从一座山中浮现出来。此后的1500年，雕刻在继续。世界被不同的文明雕刻成此刻的样貌，不同的陆地、海洋、山脉、湖泊、城市、村庄、人们的肤色、眼神、笑容。相遇一刻，生死一刻，聚散与悲欢的一刻，共同雕刻着人类的故事。

我们用"仿佛"这个词语描绘心念的状态。人类的身体，一举一动，一颦一笑，都仿如佛在。仿佛天地间，时光里，世界的样子，我们的样子，每一刻都是一场雕刻。就在此刻，就在这里，世界在这里大同。

> 知识链接

《洛阳伽蓝记》与北魏洛阳城的佛寺

　　魏晋南北朝时期是佛教大发展的时期，尤其是北魏，这一时期修建的佛教石窟寺，至今大多幸运地得以保留，是我国佛教艺术史上可贵的瑰宝。比如云冈石窟，以及洛阳的龙门石窟，四大石窟中有两个石窟都是北魏时期开凿的，而莫高窟以及麦积山石窟，在北魏时期亦有不同程度的发展。可以说，北魏乃至北朝时期，开窟立寺造像的风气十分盛行。前些年，一首流行歌曲《烟花易冷》，又让北魏时期的洛阳城以及城中的佛寺"火"了一把。这首歌以北魏洛阳城为背景，意境深远，最后一句"伽蓝寺听雨声，盼永恒"，更是声入人心。这句中的"伽蓝寺"是什么意思呢？其实，伽蓝来自于梵语"僧伽蓝摩"的简称，意思是佛寺，这个宗教典故来源于北魏时期的一部著作——《洛阳伽蓝记》。今天，我们就来聊一聊这部著作以及洛阳城中的佛教寺院。

　　这本书的创作背景要从北魏孝文帝迁都说起。公元493年，北魏孝文帝将都城从平城（今山西大同）迁至洛阳，开启了北魏洛阳时代。社会中的崇佛之风更加炽盛，尤其是统治集团内部，比如孝文帝本人便笃信佛教，史料记载他"每与名德沙门，谈论往复"，就是说他经常亲自与僧人探讨佛法。孝文帝的儿子，也就是宣武帝元恪，同样笃信佛教，他甚至还在宫中亲自讲经。上行下效，统治集团中崇信佛教的人也越来越多，并且逐渐影响至社会中下层。如此一来，都城不仅有皇家主持开凿的龙门石窟，洛阳城中亦佛寺林立，香火不断。不过可惜的是，到了北魏末年，由于政治变乱，城中满目疮痍，佛寺大都毁于战火。《洛阳伽蓝记》便是以北魏迁洛后洛阳城中佛教寺院为主线，记录当时寺院的兴废情况，据书中记载，洛阳佛教最鼎盛时，京城内外的佛寺多达一千多所，书中同时也记述了当时的政治、经济、人物、风俗、地理、传闻等情况。

现在一般认为，这本书的作者是杨衒之。根据序言，作者曾经在北魏孝庄帝永安年间（528—530年）游览帝都，目睹了洛阳城的空前繁华，城内外壮丽的佛教寺宇和宫院，给他留下了深刻的印象。而后，他又亲身经历了北魏王朝的兴衰巨变，当他在武定五年（公元547年）重游洛阳时，却发现昔日洛阳金碧辉煌的建筑而今尽成断壁残垣，城内甚至连钟声都难得听到。可以说，昔盛今衰的巨大反差以及对王朝兴衰的哀伤感慨，是他创作此书的直接缘由。书中既有对洛阳风土人物等内容的客观记叙，同时他也借助佛寺盛衰变迁来寄托对故国的哀思。全书繁简得宜，文笔优美，既理性又感性。难能可贵的是书中所记载的一些内容，与当今的考古发现可互证，极具史料、文献价值，甚至有人将此书称为拓拔鲜卑的别史。

《洛阳伽蓝记》分为城内、城东、城南、城西、城北五卷，正记加上附录一共记载了84处城内外大小佛寺。其中，最著名、最宏大、最华美的佛寺莫过于永宁寺了。永宁寺是一座皇家主持建造的寺庙，于北魏熙平元年（516年）由宣武帝的皇后、

永宁寺塔复原模型｜大同市博物馆藏

孝明帝的生母灵太后胡氏主持修建。寺内的佛殿、佛像、佛塔等均装饰华美，十分豪奢。佛殿的外观如皇宫中太极殿一般庄严雄伟，佛殿中最高的一躯金佛高达近 27 米，佛塔为木结构，共九层，在 50 公里之外都能看到，杨衒之还曾亲身登临游览。经研究测算，永宁寺木塔将近 140 米高，如今我国现存最高的辽代应县木塔也只有 68 米，差不多只有永宁寺木塔的一半高，不难想象，永宁寺木塔在当时绝对是难得一见的存在。

此外，寺院内外还穿插有园林景致，点缀着各种奇花芳草嘉木，优美的山林景观与恢弘的寺院建筑交相辉映。可惜的是，永宁寺建成后仅十八年，永熙三年（534 年）便因雷电着火毁于一旦，这场大火烧了三个月，孝武帝元修派出一千名羽林军去灭火都无济于事。一时间，信众悲哀之声，震动京邑。

考古发掘的永宁寺塔基遗迹

永宁寺遗址出土的陶弟子像　　　　　　　永宁寺遗址出土的泥塑佛面像｜洛阳博物馆藏

　　如今，永宁寺的遗址已经过了科学的考古发掘，遗址位于今天河南省洛阳市东 15 公里的汉魏洛阳城址内。遗址的中央尚存有一个高大的夯土台，便是永宁寺木塔的遗迹。在发掘中，除发现大量建筑构件外，还意外出土了一批精美的泥塑佛像、菩萨像、飞天、比丘及供养人像。这批泥塑像历经大火仍得以保留，可以说是弥足珍贵的遗物。其中有一件脸部有残缺的佛头，堪称我国佛教雕塑艺术的至宝。这件泥塑佛面恬静雍容，嘴角带一抹慈祥的微笑，任何看到它的人，都会被它那残缺又庄严慈悲的容颜所打动。

花树状金步摇

一步一欢喜

花树状金步摇

馆藏：辽宁省博物馆
出土：辽宁北票房身村
材质：金
尺寸：高 27.3 厘米
年代：十六国

　　金叶子仿佛要掉落。确实，这树上的叶子已经掉了不少，远处，还剩一名同伴。1600 多年前，它们共同装点了燕国的主人。

　　步摇实在是在中国古代红极一时的头戴饰品。这对金步摇基座是金博山，用来和头发缠绕固定。工匠以金博山上缭绕的步摇枝为托，经手工弯曲后做

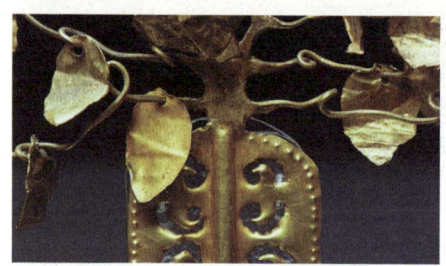

出几个圆环，极薄的金缀叶若即若离地挂在圆环上，生出颤动感。它们被佩戴于头顶，当主人走动时，一步一摇动。它们随风如树轻摆，像是一树金色的花开，万束光来。

冯素弗墓还出土了一件金步摇冠饰构件，但其整体造型难以复原，而在朝鲜和日本却有一些实例出土。韩国大丘迦耶墓出土的鎏金铜冠和冯素弗墓出土的金冠框架结构十分相似，这并不是意外。

花树状金步摇

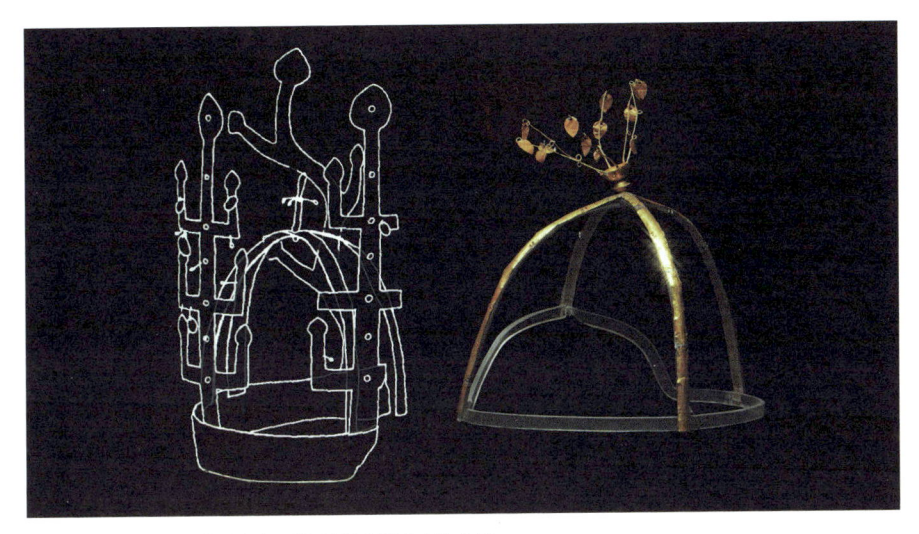

韩国大丘迦耶墓出土的鎏金铜冠和冯素弗墓出土的金冠

公元1世纪起，阿富汗席巴尔甘大月氏（ròu zhī）墓葬就埋葬有黄金王冠。日本奈良县藤之木古坟出土的鎏金铜冠，看起来又与席巴尔甘所出者有一脉相承之感，其装饰工艺的基础元件都是可摇动的叶片。这类摇叶，在东北亚饰品设计中风靡一时，这些金饰尤其流行于王室贵族间。假若当时的工匠对步摇冠的造型没有固定的概念，如何能在天各一方制作出大体类似的冠饰来？起源于西方的特殊装饰——摇叶，假若不通过中国，直接从顿河流域传到朝鲜和日本列岛，更是难以想象的。6个多世纪，这些轻如薄翼的金缀叶，明明灭灭间，连缀起的是一部亚洲装饰美学的交流史，成为一种文化现象。

十六国到唐，政权频繁交替。分裂统一，乱世纷争，军队僵持于国境内外。只有美，不经意间，越过了边境。看见美好，美好就会路过这片土地，路过西亚平原时花开，路过东亚深林时鹿鸣，路过不同的姓氏与国别，路过千万河流与山前。

日本奈良县藤之木古坟出土的鎏金铜冠 　　阿富汗席巴尔甘大月氏墓葬出土的黄金王冠

马头鹿角形金步摇（386—581年）

　　盛宴人来人往，总是紧急散场，又热闹开席，那时的美人终归尘土。慕容鲜卑，陨落成记忆。记忆中的女子，云鬓花颜，行走在美好里，莲步轻盈。日月星辰里，她的金步摇缠金流光，金枝叶长坠荡漾。无垠星河间，跟随她的足迹，看到了一步一欢喜。

知识链接

步摇与金摇叶

"步摇"一词出现在汉代,当时的经学家刘熙在解释这一词语时说:"上有垂珠,步则摇动也。"与本节介绍的花树状金步摇不同,这种"垂珠步摇"更接近于我们熟知的"钗"。此类饰品最早出现于西汉马王堆一号墓出土的帛画上。太阳与金乌,月宫与蟾蜍,青龙与赤龙交错盘升所形成的空间中有一老妪(yù),被认为是墓主。老妪发髻上插有长簪,白珠缀于额前,欲通过门神步入天国,引魂升天。

马王堆一号墓T形帛画局部

马王堆一号墓T形帛画线描图

广义上步摇的装饰不仅限于"垂珠",更有美玉、金叶等点缀其中。《续汉书·舆服志》下卷的记载中,皇后及长公主在祭祀或礼仪场合穿戴要搭配步摇,"以黄金为山题,贯白珠为桂枝相缪,八爵九华"。

金饰摇叶起源于公元前 2000 多年的西亚地区。玉质或石质的管状珠饰穿成一条珠串,金叶片夹缀其间,叶身宽肥可爱,叶面脉络清晰可见。在两河流域的乌尔王朝,上至王后,下至侍女,都流行佩戴这种金叶头饰。

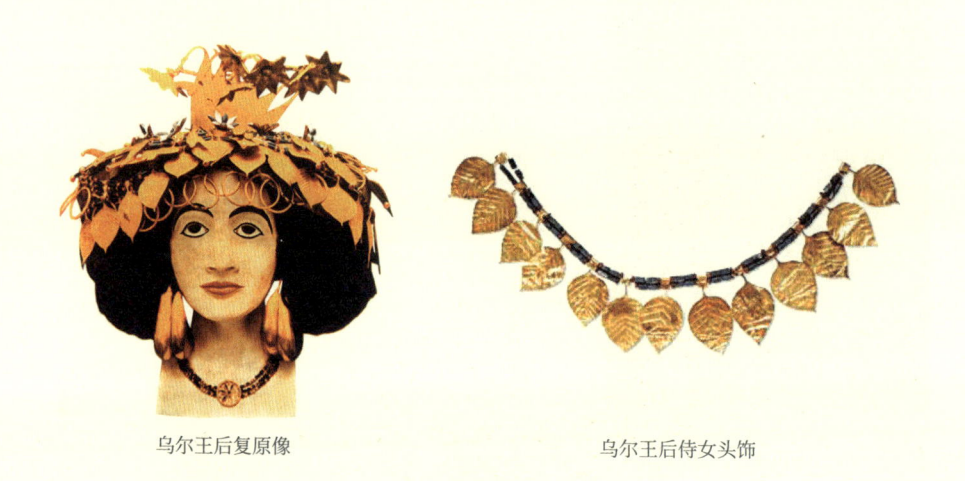

乌尔王后复原像　　　　乌尔王后侍女头饰

在顿河流域,公元前 2 世纪的萨尔马泰女王墓中出土了更为繁复的金摇叶装饰头冠。这顶镶嵌柘(zhè)榴石的金冠整体为萨尔马泰艺术风格,头冠正中却装饰有希腊风格女神像,体现了两种文化的交融,颇具异趣。鹿、盘角羊、禽鸟等形象立于冠上,金叶装饰依旧脉络分明,似与乌尔王墓金叶饰品的做法一脉相承,但此时叶子回到了树上。学者认为这件步摇冠饰可看作由乌尔王墓出土的头饰发展而来,虽然期间两千多年的演变情况尚不明确,但萨尔马泰女王冠确是步摇发展史上承上启下的重要文物。

花树状金步摇

萨尔马泰女王墓金冠

萨尔马泰女王墓金冠线图

席巴尔干金冠

席巴尔干墓主复原图

再向东至"黄金之丘",也就是阿富汗北部席巴尔甘大月氏墓群所出的金冠,时代为公元1世纪早期。此时的摇叶被简化为圆形叶片,不见脉络纹饰。金制的横带上装饰五簇树状金步摇,金叶,鸟儿与花朵满缀其上,与《续汉书》中所谓"八爵(雀)九华(花)"之制极为相似。

067

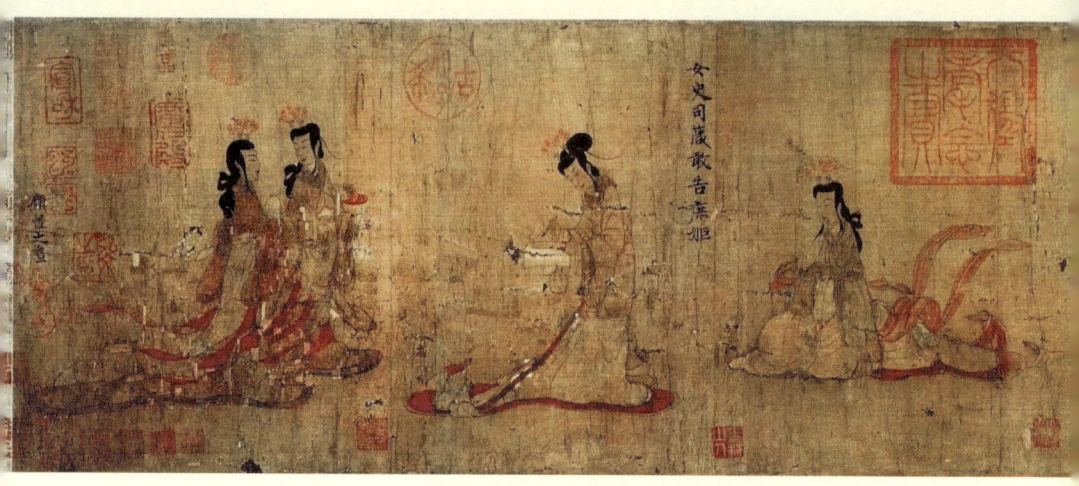

《女史箴图》（唐摹本）局部

　　金摇叶大约在汉代传入中国，从叶子到枝干，再到花鸟等其他装饰，这种异域风情的金饰件在华夏大地上也有所发展。金摇叶作为构件，吸纳入原本的步摇饰品中，以其均可"步则摇动也"，将其融入中国传统的等级服饰制度。魏晋南北朝时期的步摇带有钗脚，其样式可现于顾恺之的《女史箴图》（唐摹本），画中女子插戴花树一般的饰物。南北朝后，将此类金饰用作笄段的装饰。这种花叶缀于枝条或簪笄悬系摇叶的做法多见于中原及南方地区，而草原地带的步摇多为纪录片中的花树状步摇或步摇冠，有关的故事则不得不提及慕容鲜卑了。

　　秦汉之际，北方草原各民族战乱迭起。东胡败于匈奴之后，分为乌桓与鲜卑两个部分，慕容是鲜卑的一个部族。莫护跋是三国时期鲜卑部族的首领，曾率兵跟随司马懿征讨辽东地区，立下战功而封王。原文大意是说，当时人们多戴步摇冠，莫护跋见了颇为喜欢，就也把头发绑起来戴步摇冠，时间久了，大家都以"步摇"称呼他，而后读音错讹成了"慕容"。北方民族关于姓氏的问题有一套自己的做法，其中一种就是以族群内大人物的名字来命名。也许在部族首领的带动下，慕容鲜卑的族人也开始流行穿戴步摇冠，这只族群也被称之为慕容鲜卑了。

观众们对展厅中熠熠生辉的席巴尔甘那件金冠或许熟悉，但其背后的故事难免令人心情沉重，那是一批因战火无法回国的阿富汗珍宝。和平年代，战争离我们却并不遥远。也许我们难以想象阿富汗文物工作者是以怎样的勇气与决心，在连年战火中守护着这些世界文化珍宝的。惟愿天下太平，海晏河清。

（陈坤）

鎏金银壶

远来的风

鎏金银壶

馆藏：宁夏固原博物馆
出土：1983 年宁夏固原李贤夫妇墓
年代：北周

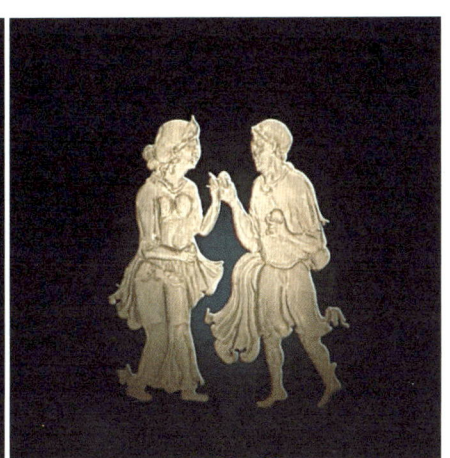

很久很久以前，希腊的三个女神争夺"最美女神"的称号。擅长判决的帕里斯，将代表"最美"的金苹果给了爱神，因为爱神答应给他人间最美的女子。几年后，帕里斯在斯巴达遇到王后海伦，二人相爱、私奔，斯巴达国王回家后气疯了，不顾一切发动战争，用 10 年攻下特洛伊。他本想处死海伦，但再次见到那张美丽的脸庞，心就软了，二人又重归于好。

如果国宝会说话

鎏金银壶

　　这个故事被刻在一只鎏金银壶的周身。1983年，在宁夏固原北周柱国大将军李贤的墓葬中，人们发现了它。当时，这类造型的瓶子被称为"胡瓶"。壶把上的人头像来自于希腊传统，为了保护里面的水不受恶灵玷污。壶身与壶把上的凹槽，让人联想到古希腊建筑中的廊柱，汇集了古典的秩序和对称。将壶身分为三段的连珠纹，是波斯萨珊的典型风格。而壶身故事里的人物和他们的服饰，又有印度的造型特点。众多文明符号，融合在这样一个胡瓶之上，它又如何出现在深处内陆的固原？

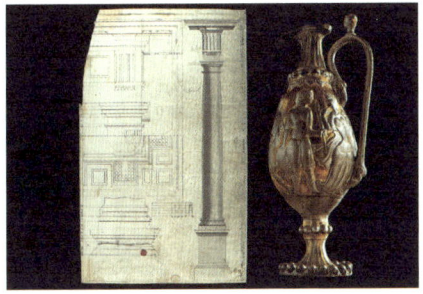

北周时期，固原被称为原州，这里是丝绸之路东段北道中心。货物齐，运输快，品质佳。北方的良马，西方的金银器，中原的丝绸、瓷器，都要从这里经过。从地中海到中国，粟特人驾着驼队，走过一个又一个的国家，他们会说多种语言，见多识广。他们带来琳琅满目的外国货物，也带来一路上的见闻和故事。

嵌松石金耳环、玻璃碗、嵌青金石金戒指这些货物只从西域进口，还常常是皇帝的奖赏之物，因此更是王公贵族们的身份标配。鎏金银壶正是跨界商品中的精致极品。大将军李贤长期执掌原州，守护着丝路贸易的畅通。他喜爱这些外来的物件，他把鎏金银壶带入墓中，也许因为它的精美，也许因为壶身上那个在中国不太会听到的故事。物件让人新奇，物件背后的故事同

样让人新奇。在它身上，仿佛可以触摸到每日目光所及的生活之外，还有别样的生活。

　　北朝人的面前，仿佛被打开了一扇门，他们可以看到外面的世界，想象外面的世界，而后走向外面的世界。从北朝到隋，再到唐，一个世界帝国的样貌正慢慢清晰起来。

🔍 知识链接

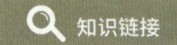

粟特人与丝路贸易

　　伴随着叮当作响的驼铃声，一批批由西方制作的器物，通过漫漫丝路，输入了中原王朝，这些来自异域的"进口货"，模样新颖，工艺独特，进入中原后备受当时上层阶级的青睐，成为贵族们竞相追捧的"奢侈品"。李贤墓出土的这件鎏金银壶，无论形制、工艺、还是纹饰，都可以看出是一件远道而来的奢侈品。如今，人们通过便捷的网络交易，可以买到来自世界各地的货品，但在古代，中西贸易可不是一件容易的事，丝绸之路上存在着许多自然与人为的阻碍，一次次成功的跨国贸易背后，都少不了这样一群人——胡商，他们在中西贸易中扮演了至关重要的角色，甚至可以说，如果没有他们的往来奔波，汉唐时期的丝绸之路不会如此的繁盛。

　　胡，是一个笼统的概念，外来的、中原没有的人或事物，都可称之为"胡"，比如胡人、胡乐、胡舞、胡饼等等。一般认为，丝绸之路上的外国商人以粟特人为主。今天，我们就来谈谈神秘又著名的粟特人与他们的贸易活动。

　　粟特人，在中国史书中又被称为九姓胡、昭武九姓等，这是中古时期一个生活在中亚阿姆河与锡尔河之间的地区的民族。汉魏以来，粟特人活跃于丝绸之路上，并且许多人留居在了中国，特别是在隋唐时期，粟特地区与中原的交往进一步加深，大量粟特人入华，发动"安史之乱"的安禄山、史思明，便是入华粟特人的后裔。

　　粟特人最大的特点便是擅长经商，是一个著名的商业民族，唐人形容他们是"利之所在，无所不至"，也就是说什么地方有利可图，他们就会去到那里。目前，我们已知对粟特人在中国经商的最早记录，来自一组4世纪的粟特文古信札，这些信件是著名的探险家斯坦因在敦煌地区发现的，信件由一些住在武威、敦煌地区的粟特商人所写。通过他们的叙述，我们可以知道他们在当时以凉州武威为大本营，贸易网络可至洛阳、邺城等地，而由于晋末中原地区的政治动乱及战争的影响，他们的商业活动也受到了打击。

除了中原政局的消极影响，迢迢丝路本身也并不好走，对贸易有着重重的阻碍，恶劣的自然环境自不必说，有时路途中还会有强盗出没，可以说是十分的危险。对此，精明的粟特人审时度势，为了更便捷、安全地进行贸易活动，他们常常会集结成有组织的商队成群行动，有时还配有武装力量以自保；并且，他们还会在沿线建立聚落作为落脚点。根据文献记载，这些粟特商队和聚落的首领被称为萨保（也称萨宝、萨甫），这个词是粟特语的音译，意思就是首领，商队和聚落的人员构成是多种族的，但首领一般由粟特人出任。然而，这些举措并不能完全规避掉危险，丝路上仍时常发生抢劫事件，对此，在敦煌莫高窟壁画有着形象生动的描摹，我们现今仍可以看到一些"商人遇盗"题材的绘画，比如唐代开凿的第45窟，绘制有一幅"商人遇盗图"，壁画中的商人深目高鼻，卷发浓须，头戴毡帽，是典型的胡人形象。面对手持武器的强盗，这些倒霉的商人只好将货品交出以保全自己的性命。

商人遇盗图 莫高窟第45窟

要进行商业活动，粟特商人还需要寻求中原政权的贸易认可来通过重重关隘。官府会发给他们一种叫"过所"的文书，它的功能相当于通行证。吐鲁番出土过一件《唐开元二十年三月石染典过所》，由三张纸粘接而成，内容清楚。文书中有官印五处，首印为"瓜州都督府之印"，中间三印为"沙州之印"，结尾处为"伊州之印"。持"证"者为石染典，他便是一位粟特人。他携带着安西都护府颁发的过所，从安西到瓜州经商，交易后，为返回安西，又请求瓜州都督府发给回去的过所，途中经过沙洲稍作停留，又前往伊州。所到之处，皆要验证过所，加盖官印。

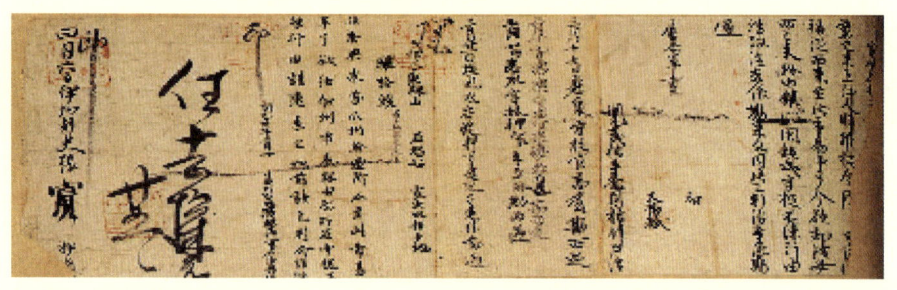

《唐开元二十年三月石染典过所》

近些年，我国发现了一些北朝至隋代入华粟特人首领的墓葬，比如西安地区的安伽墓，通过他的墓志，我们得知他是一位萨保（管理在华粟特人事务的官员），与历史文献得到了相互印证。安伽的墓葬中出土了一件雕刻精美的围屏石榻，石榻的背面与两侧由12块精雕细刻的石板围屏构成，每一块都精细雕刻、涂漆、鎏金，繁复而精美的雕刻彰显了安伽的地位和权力。围屏上描绘了各种人物乐舞图、狩猎图、居家宴饮图等，还刻画了一些反映商队在丝路中跋涉、休息的场景图像，比如行进的胡商、驮载着货物的骆驼、毡帐饮食等，从中我们可以直接获悉当时粟特人活动的一些细节。

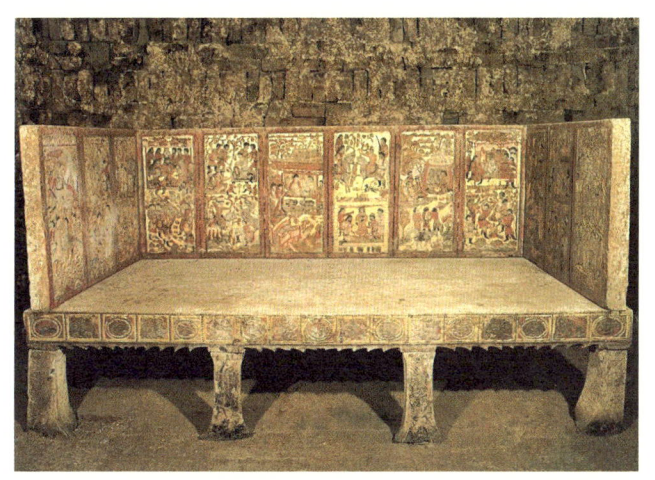

安伽墓围屏石榻

安伽墓围屏石榻上雕刻的商旅图

胡人牵驼俑　唐｜甘肃省博物馆藏

高大健壮的骆驼，可以说是粟特商人行路中的好伙伴了。北朝至隋唐时期，骆驼几乎成为了胡人群体尤其是胡商的标志性符号，在这一时期的墓葬壁画、陶俑中有着大量的发现，并且胡人与骆驼总是相伴出现，他们在墓葬中的常见，甚至也可以说是繁盛丝绸之路的体现。

总的来说，中古时期，粟特人在政治、经济、军事、文化等诸多方面都扮演了重要角色，是我国历史上一个十分有特色的外来民族。

(贾楠)

唐代仕女俑

胖妹的春天

彩绘捧手侍女俑

馆藏：西安博物院
出土：1988 年西安市韩森寨唐墓
年代：唐

你，梳着少女特有的双垂髻，端庄可人。你脸颊饱满，小巧的鼻子和嘴巴都让人怜爱。你穿着圆领宽袖袍，襦裙上的花色已经看不见了，但一定是当年最时兴的纹样。

那年的你，刚过 10 岁，在大唐贵族人家当丫鬟。但你悠然的样子，说明心不累，因为你是大唐的一枚胖妹子啊。1000 年后的胖妹如我，看到那时的你，真是羡慕、嫉妒、爱。

如果国宝会说话

唐代仕女俑

倭堕髻

到了14岁,渴望的年纪。你学会了欣赏姐姐们的妆容:堕马髻,慵懒又高贵;倭堕髻配合圆润的脸庞,仿佛正被人宠溺;这种双螺髻活泼俏皮,是那群爱玩的疯丫头的最爱;梳着双环望仙髻的舞女,你也欣赏,因为那夸张的发髻,舞动起来如蝴蝶翻飞。有时候,你也会穿着男装,抬头挺胸地走在朱雀大街上,变成长安城最酷的小妞。

你会帮主人梳妆，她经常用一上午时间打扮自己：敷铅粉、抹胭脂、画黛眉、染额黄、点面靥、描斜红、涂唇脂，最后戴发饰。如果你恰巧认识一位日本国的遣唐使，他会告诉你，这样的妆容已经流行在日本的宫廷。等再长大一些，你可以拥有更丰富的生活。你也许会加入马球队，因为你骑马打猎都不逊于哥哥们。你梦想仗剑行侠，因为你追求绝不雷同的人格和精神。

唐代仕女俑

或是陷入爱情也不错，你心里偷偷期待着，孕育一个新的生命。你的选择有很多，在中华数千年的帝王时代中，只有大唐的女子，选择可以如此多。作为一个每天都在努力减肥的胖妹，我曾梦想生活在大唐。但后来才知道，初唐不胖，晚唐臃肿，即使盛唐也不都是以胖为美，你身边同样有苗条的闺蜜。只是那时自信，那时自在，那时是以想胖就胖的自由为美。

大唐，之所以是我心心念念的大唐，正在于你，不用投他人所好地成为自己。让你们绽放，是大唐做的最让人激动的一件事。能够这样绽放的时候，就是春天来了。

"仕女"含义的演变

首先我们来说一说"仕女"一词。仕女，又作"士女"。先秦时期，"士"与"女"分别表示男和女，尤指青年男女。如《诗经·郑风·溱（zhēn）洧（wěi）》中说"维士与女，伊其相谑，赠之以芍药。"原诗主要描绘了人们在城外郊游的热闹场景。年轻的男女结伴游玩，在河岸边相谈甚欢，临别赠芍药花以示长情，让对方不要忘记自己。

自秦汉以后，"士女"逐渐演变为专指女子的名词，尤指贵族妇女。在唐朝，正如我们在记录片里所见的仕女俑，她们着男装、胡服骑射，可见不是普通人家女子。唐代在绘画艺术领域中，首先使用"仕女"一词。唐代是中国古代仕女画发展的鼎盛时期，唐代仕女画一改前人风貌，呈现出以"丰肌为美"的审美特征，其中以张萱和周昉的作品最具代表性。唐代周昉所绘《簪花仕女图》，辽宁省博物馆的镇馆之宝，也是目前全世界范围内唯一认定的唐代仕女画传世孤本，是典型的唐代仕女画作品，生动诠释了大唐女子雍容典雅的气度。画中仕女们体态丰盈、衣着艳丽，在庭院中漫步、拈花、赏鹤、戏犬，人物丰韵之中又显婀娜之态，使整幅画富贵华丽，闲适和谐。

"仕女"一词被真正普遍使用并成为一门绘画的固定名称是在宋朝。宋代开拓了仕女画的题材，文学、历史及传说故事中的女性被大量描绘，其含义也由专指贵族女子而泛化为美人佳丽。

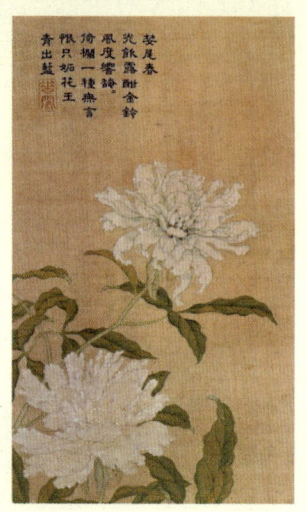

婪尾春（即芍药）
缂丝乾隆御制诗花卉册之五
故宫博物馆藏

周昉《簪花仕女图》 唐 | 辽宁省博物馆藏

唐代女子的妆容

  辨明了仕女美人的由来，让我们重新将目光转向大唐的妹子身上，相信追过《长安十二时辰》的朋友对她们的面妆不会陌生。"小山重叠金明灭，鬓云欲度香腮雪。"是唐代诗人温庭筠对当时女性妆发的描绘，全篇描写了女子晨起梳妆的过程。引文前半句看似描写的是早晨阳光倾洒，屏风上的图案山峦重叠、金光熠熠。但后有学者指出这里的"小山"更可能是指女性眉毛的样式，画黛眉在唐代面妆中十分重要，眉毛是传统观念中女性面庞上最性感的部分，古文中以眉写意也成为重要的抒情手段。而"金明灭"是指面妆中的"额黄"，唐代妇女在额部涂黄粉，这种做法源于南北朝时期，但这种黄粉究竟为何物？尚未有明确的答案。眉心施花钿，时佛教盛行，花钿被认为是模拟佛造像眉心的白毫。花钿并非用颜料画出，而是选用金箔、纸、鱼腮骨、鱼鳞等多种材料，剪成花样贴在额前。除画黛眉、染额黄、贴花钿之外，唐代女子特殊的面妆还包括在双颊上点妆靥，在眉鬓之间描斜红。

  唐代的画黛眉，眉式主要有细眉和阔眉两种。国人对细眉的审美偏好，在先秦的典籍中就有所体现。《诗经·卫风·硕人》"手如柔荑（tí），肤如凝脂。领如蝤（qiú）蛴（qí），齿如瓠（hù）犀。螓（qín）首蛾眉，巧笑倩兮，美目盼兮。"蝤蛴是天牛的幼虫，身长而色白，这里主要形容美人嫩白修美的

《长安十二时辰》中的女子妆容　　　唐代女子妆容示意图

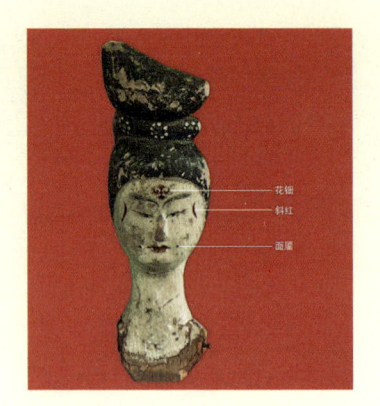

脖子；瓠犀指瓠瓜的子，因排列整齐，色泽洁白，所以常用来比喻美人的牙齿。原诗中的美人，她的手似初生的植物一样柔嫩，皮肤像凝脂一般白润。优美的颈子，匀整的皓齿，丰满的额头和清秀的峨眉，嫣然一笑，目光流转间仿佛让人遇见这世间的美好。而这位白皙丰盈的美人，是春秋时期齐国的公主，也是卫庄公的夫人，名曰庄姜，被朱熹认为是史上第一位女诗人。唐代对细眉的描绘，或见另一位唐代仕女画大家张萱的《捣练图》。画面色彩富丽，画中人物自然生动，亦展现了唐代女子的丰腴美。而如《簪花仕女图》中那样，人物的眉形极其短阔，末端上扬，则是唐代阔眉的典型代表，盛行一时。这

张萱《捣练图》　唐｜波士顿美术馆藏

初唐	半翻髻	惊鹄髻	初唐式高髻	反绾髻	双环望仙
盛唐	盛唐式高髻	倭堕髻	球形髻	扇形髻	
中晚唐	丛髻	堕马髻	中晚唐式高髻	闹扫妆髻	

唐代妇女髻式（孙机先生《唐代妇女的服装与化妆》）

种粗阔、浓重的眉妆追求在中国眉妆史上是绝无仅有的。随着中外文化交流，此类审美也深深影响了周边国家，如保留到现在的日本艺伎眉妆，即为唐朝短阔眉妆的遗续。

女子爱美，不止于妆面，大唐的姑娘们在发型中也花了很多心思。唐代女性发饰种类繁多且富有变化，总的来说初唐时流行高髻、反绾髻等，盛唐时出现"蝉鬓"，即将鬓角处的头发向外梳而使其扩张像蝉翼一样。与之相配的发式如倭堕髻，在蝉鬓基础上做高髻等。中晚唐时常见堕马髻，白居易所谓"粉黛凝春态，金钿耀水嬉。风流夸堕髻，时世斗啼眉"。

（陈坤）

立狮宝花纹锦

大唐新样

立狮宝花纹锦

馆藏：中国丝绸博物馆
尺寸：长 46 厘米，宽 29 厘米
年代：唐

将染好的彩色丝线排列成经纬线，再通过织机的提花、织造，织锦上便形成精美的花纹。织锦纹样不同于灵活、重视线条感的刺绣纹样，其色彩的丰富性与纹样的循环是受技术限制的。一匹织锦上的纹样可以看作是一幅平面设计，遵循一定的图案程式和模式规则。在唐代织锦中，有一种叫"陵阳公样"的织锦纹样，是在传统蜀锦的织造基础上，吸收中亚设计，改造传统装饰题材，形成的唐代独特的审美风尚和视觉符号。这种富有创造性的纹样广为流行，成为"大唐新样"。

"陵阳公样"，创自初唐时期窦师纶，并在其后至少延续了近200年。唐代张彦远《历代名画记》记载："高祖、太宗时，内库瑞锦对雉、斗羊、翔凤、游麟之状，创自师伦，至今传之。"

这是一种吸收波斯萨珊王朝的联珠团窠纹样，在团窠里对称排列我国传统的对雉、斗羊、翔凤、游麟等祥瑞的禽兽形象，而形成的固有的纹样形制。团窠，也称团花，是指丝织品图案中一种常见的排列方式，是在环状纹样带所形成的圆形区域中间设置主题纹样的形式。

立狮宝花纹锦

圆珠 × 环 = 联珠环
+
狮 × 镜像 = 对狮
=
团窠联珠对狮纹锦

圆珠 × 2
+
对龙
=
黄地联珠龙纹绮

丰富多样的团窠外环，如联珠环、花草环，加上正中不同的题材图案，就形成各式团窠纹锦。

外围花草环

+

凤

=

紫地凤唐草丸文锦

外围花草环

+

凤

=

黄地团窠宝花立凤锦

立狮宝花纹锦

陵阳公样

鎏金双鸾团花纹双耳大银盆 唐 | 法门寺博物馆藏

095

如果国宝会说话

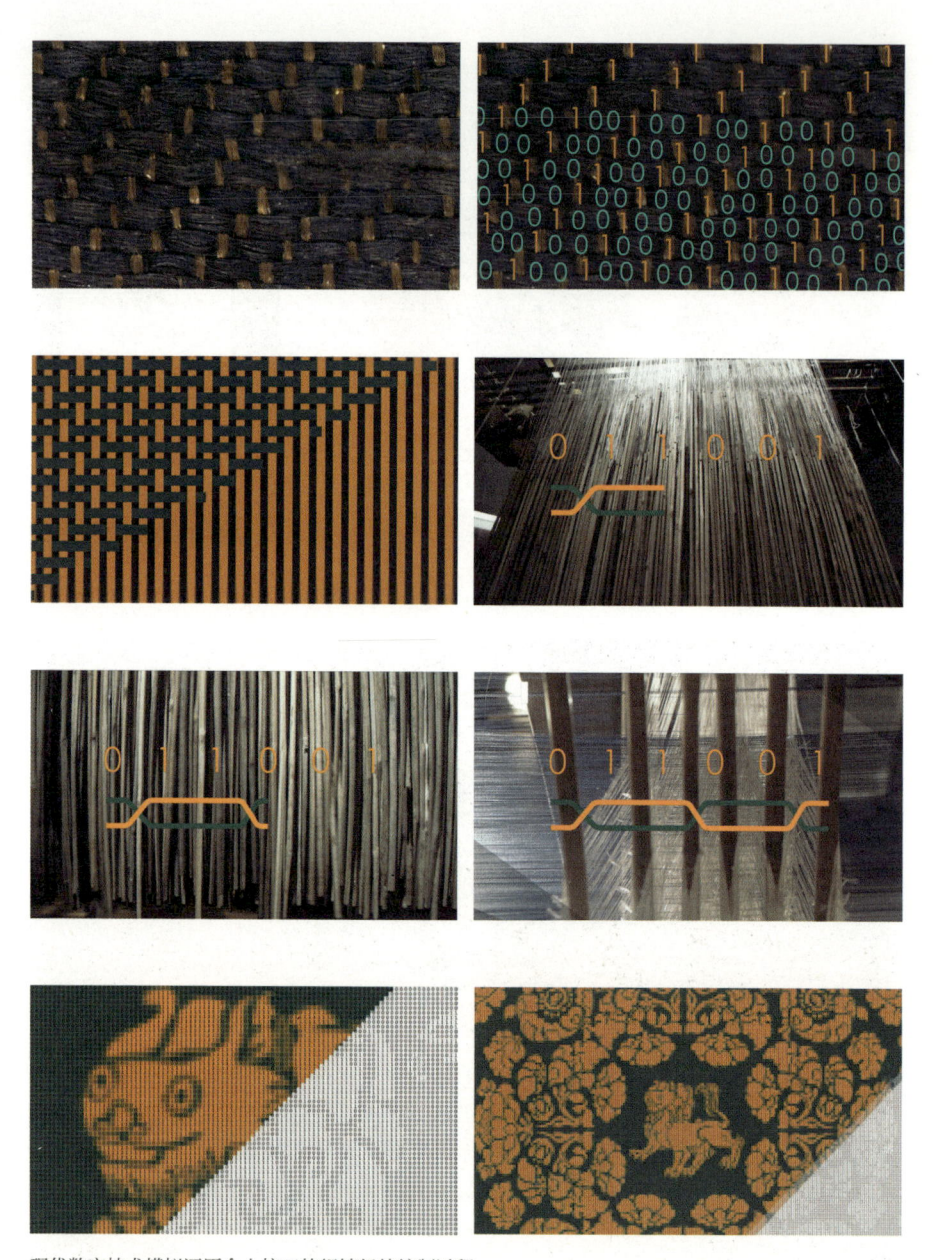

现代数字技术模拟还原令人惊叹的织锦经纬编制过程。

立狮宝花纹锦

> 🔍 **知识链接**

唐代潮牌：陵阳公样

你知道唐朝流行的织物图案吗？对于这个问题，一块立狮宝花纹织锦为我们提供了一种答案：花团锦簇中，一只健硕威武的雄狮昂首而立。别看这块织锦只使用了两种颜色，但上面那些精致繁复的图案，却将唐代的雍容与异域风情展现得淋漓尽致。这块织锦便使用了唐代风行一时的纹样。今天，就让我们来聊一聊唐代的潮牌——陵阳公样。

既然说陵阳公样是"潮牌"，那必然要谈谈其设计师以及独具一格的纹饰特色。根据唐人张彦远《历代名画记》的记载，陵阳公样的主持创制者是窦师纶。在正史中没有关于窦师纶的记载，

立狮宝花纹锦 唐｜中国丝绸博物馆藏

097

我们只能从《历代名画记》中得知一二。不过幸运的是，近年来窦师纶的墓志铭被发现了。于是，在综合了各种信息后，我们可以拼凑出这位"设计师"的家世生平：窦师纶出身名门，他的先祖是鲜卑族，北魏孝文帝改革时才改姓为"窦"。窦氏家族在北魏时就已经是望族了，后来历经北周、隋、唐几代，地位仍十分显赫，而且与皇族还有着一些亲戚关系。有趣的是，算起来窦师纶还是李世民的表兄呢，并且，窦师纶也曾为李世民工作过，所担任的是秘书顾问、幕僚一类的职务。

可以说，在政治仕途上，窦师纶并没有太多突出的功绩，真正让他名垂千古的，是他在艺术上的卓越成就。唐武德四年（621年），窦师纶被任命为益州大行台检校修造，终于迎来了他人生的高光时期。益州，也就是今天的四川地区，在当时是生产蜀锦的重要区域，窦师纶被派往当地，主要就是负责管理生产、制造舆服器械。正是在这一时期，他创制出了闻名后世的陵阳公样。陵阳公样的得名，来自窦师纶的封号"陵阳公"，这里"样"，可以理解为古代造型艺术中具有一定风格与模式的设计形式，与现今我们所说的"设计图""图式"有一定的相似之处。而当一种"样"流布四方、被广泛采用时，往往也会有具体特定的命名，就像我们今天所谈论的"陵阳公样"一样。中国艺术史上有许多的"样"，著名的还有如曹仲达的"曹家样"、吴道子的"吴家样"等等。可以说，"样"是古代人对于"设计"这个概念的一种表达，同时也侧面反映出"某某样"的影响力与流行程度。

根据记载，陵阳公样曾风靡唐代200余年，那么，为唐人所喜爱的陵阳公样究竟是什么、又有什么特点呢？现代学者们经过一番细致的考究后，一般认为，陵阳公样是窦师纶在吸收了西域地区传入的纹样后，将其与唐代传统的设计元素相结合，所形成的一种带有中国特色的新型纹样。对于它的特点，《历代名画记》中的描述很简略，只提到了它的主要题材有对雉、斗羊、翔凤、游麟四种，从名称上不难看出，动物纹样是陵阳公样的重要组成部分。但是，由于文献记载的简略和缺失，要对陵阳公样下一个清晰的定义仍不是一件容易的事情，大体来看，如今被学界普遍认同的一种观点是，花环团窠（kē）内含动物主题纹样是为陵阳公样最主要、基本的形式。这里所说的团窠，是指丝织品图案中一种常见的排列方式，是在环状纹样带所形成的圆形区域中间设置主题纹样的形式。有学者进一步将陵阳公样所使用的团窠环分为了三类，第一种是组合环，联珠、花瓣、卷草、小花等不同纹样相组合、变化；第二种是卷草葡萄环，是用复杂的卷草或葡萄纹样形成的环状图案；第三种是采用花蕾形的宝花作为环，立狮宝花纹锦就属于这一种了。

团窠葡萄立凤锦　唐
敦煌藏经洞出土｜法国吉美博物馆藏

团窠葡萄立凤锦纹样复原图

总而言之，"陵阳公样"所代表的是一种兼容并收的艺术，也是中西交流的硕果。它融合了传统与外来技艺的精华，既有异域情调，又符合唐人的审美喜好，构思新颖、图案绚丽大方，在胡风盛炽的大唐，它之所以成为风靡两百余年的"潮牌"的原因，想必不难理解。

（贾楠）

昭陵六骏

奔腾的纪念碑

昭陵六骏之青骓

馆藏：西安碑林博物馆
尺寸：宽 204 厘米，高 172 厘米
年代：唐

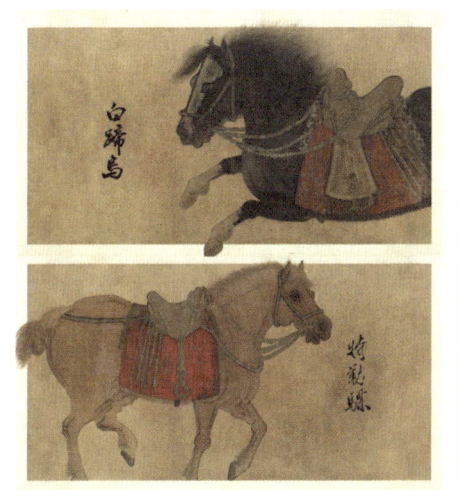

公元 618 年，开唐第一仗，浅水塬之战。马身纯黑，四蹄如雪，名白蹄乌。

公元 619 年，雀鼠谷之战，连续三天马未卸鞍。马身黄，夹杂白点，嘴微黑，名特勒骠。

公元 621 年，邙山之战，李世民平定东都。马身紫色，胸前中一箭，名飒露紫。

同年，虎牢关之战。马身苍白杂色，身中五箭，名青骓。

又一战马，纯红色，名什伐赤。

公元 622 年，洺水之战。马身黄色，毛卷曲，身中九箭，战死在两军阵前，名拳毛䯄（guā）。

这六匹战马，与帝王一同出生入死，飞渡了帝国的山河，跨过了时间的原野。战马的主人唐太宗李世民，终成开疆拓土的一代君主，被草原诸国尊称作"天可汗"。为了纪念昔日最亲密的伙伴，李世民令阎立德、阎立本兄弟，绘图雕刻六马，希望宝马与自己千古相伴。

昭陵是唐太宗的陵墓，以陕西省礼泉县的九嵕（zōng）山为中心营建。在关中 18 座唐代帝陵中，规模无出其右。陵山北麓，石头做成的屏风之上，六马或挺身直立、或腾空飞驰，作为唐王朝的开国纪念碑，凝固在神道两侧。石雕中的战马，尾巴被高高束起，马鬃被修剪成三绺，呈现典型的唐代战马形象。鞍、辔、镫、鞯缰，无不真实复现了军阵的威严，文韬武略被转写进艺术的画卷。北宋时，名将游师雄主持临摹六马石雕，刻立石碑，这是昭陵六骏的名字首次出现，拓本也随之流传天下。金代宫廷画家赵霖，依据线刻

昭陵六骏

唐太宗昭陵

画的拓片，重绘彩色绢本《昭陵六骏图》。与人马一同再现的，还有磨灭在石雕表面的太宗赞语："足轻电影，神发天机。策兹飞练，定我戎衣。"

历经风雨的石雕，在陵园伴随唐太宗近1300年后，于20世纪初离开原址。遭到毁坏的飒露紫、拳毛䯄，被盗运到大洋彼岸，如今置身美国宾夕法尼亚大学考古与人类学博物馆。其余四马在运输中途得到解救，现保存在西安碑林博物馆。岩石可以被移动，艺术的丰碑却没有倒塌。图稿、浮雕、石碑、卷轴，艺术的意志超越了材质和媒介。斗转星移，昭陵六骏作为历史的记录者，仍然以特殊的方式，在时间的轨道上向前奔跑。

唐代骏马

在唐代，上至皇室，下至百姓，都对马喜爱有加。马不仅是农业生产、交通运输的帮手，更是身份和财富的象征。

唐人对马爱得痴狂，一匹马是否受到主人宠爱，就要看它的待遇如何。皇室的爱马，不仅拥有自己的名字，有专人伺候洗浴，还有画师定制写真。

韩幹 《照夜白图》 唐 ｜ 美国大都会博物馆藏

这是一匹白色的骏马，在夜晚奔跑时如同一道闪电划过夜空，所以被称为"照夜白"。它有健硕的身材，飘逸的鬃毛，还有不小的脾气。唐玄宗李隆基对它宠爱有加，便命当时最有名的鞍马画家韩幹为它画了这幅写真画像。

图中膘肥体健的照夜白被系在一根木桩上，以圆润的屁股对人，四蹄飞蹬，想要挣脱缰绳。它回首怒视，鬃毛飞起，鼻孔张开，昂首嘶鸣，满脸的桀骜不驯，仿佛怒喊着："别摸我！"嗯，宝马果然很有脾气。

许慎在《说文解字》中描述："马，怒也，武也。"在冷兵器时代，马的品种和数量是衡量一个国家武力强弱的重要指标，它相当于现代战争中的坦克、战车。马之所以在唐代备受重视，也是因为唐人的尚武精神，与马彪悍、雄武、勇往直前的内涵相契合。

唐太宗李世民本身就具有游牧民族血统，酷爱骑马游猎。在统一全国建立唐王朝的过程中，李世民骑着自己的战马，亲自带兵征战四方，冲锋陷阵。这些骏马在战场中毫不畏惧，即使身中多箭，也忍痛坚持，保护着主人的安全，为唐朝开国立下真正的"汗马功劳"。李世民登基后，感念这些骁勇善战、可托生死的爱马，命唐代名家阎立本绘制肖像，雕刻成石质浮雕，永远陪伴在自己的陵墓左右。

昭陵六骏之特勒骠 ｜ 西安碑林博物馆藏

昭陵六骏

它是一匹黄白色的宝马，名字叫特勒骠。因为它在战争中屡立奇功，所以位列"昭陵六骏"之首。它胸肌发达，身材健硕，肚子上却没有一丝赘肉，真是令人羡慕。这是典型的大宛马形象，也是隋唐时期中原人寻觅的神奇骏马之一。它拗口的名字，也表明了它出身突厥。

仔细看会发现，它的造型很有特点。昭陵六骏的尾巴，并不是披散飘逸的长马尾，而是又短又小，还绾了结。马儿长长的尾巴可以自由甩动，赶走蚊蝇，在奔跑时，翘起的马尾也有助于平衡。但是马在高速奔跑时，如果马尾披散，容易挂住树枝、绳索等杂物，轻者会扯伤马尾，重者会造成马惊摔人的事故。所以战马或挽车的马匹，都会将尾梢梳成辫，折回绾结，或用绳子缚住并装饰，就变成了现在这个样子。

我们再看它的脖颈上的鬃毛，并不是自然垂下的样子，而是呈弯刀形状的三瓣。这种将马颈部的鬃毛进行修剪，形成花瓣状的样式，称作"剪花"。

秦始皇陵出土的铜车马 马鬃毛剪一花

早在秦汉时期的良马,就流行修剪这种"发型",但当时流行的是剪成一个或两个方形。

到了唐代,将鬃毛剪成三瓣的"三花马"开始广泛流行。而三花的形状也有所不同。突厥地区的马匹,多修剪呈尖尖的弯刀形,好像很锋利的样子。而中原地区还继续保留方形的鬃毛,或剪得更加圆润一些。无论形状如何,这种对马鬃的精心修剪,是唐代宫廷和贵族之间流行的时尚,也是良马和等级的体现。

提到马的剪花,我们最熟知的是李白的诗句:"五花马,千金裘,呼儿将出换美酒。"相比于三花马,马鬃剪成五瓣的五花马却很难见到,甚至一度以为"五花马"是李白的艺术夸张,直到西安出土的一件唐代执壶上发现剪成五瓣马鬃的图像资料,才得以证实"五花马"真的存在。

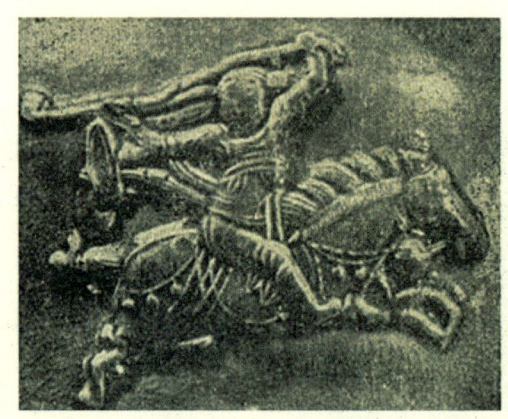

西安韩森寨唐墓出土的执壶及五花马纹饰

这只五花马束尾,马鞍上有垂下的装饰,背上的御马者卖力表演,应该是为贵族表演的舞马。这种经过特殊训练,装饰精美的马匹极其少见,也证明了五花马的珍贵。

在开放、自由的唐代，不只有男性爱马，小姐姐们也对骑马出游情有独钟。唐代的女性也经常聚会，或聊聊长安最时兴的美妆和穿衣搭配，或结伴出游、看戏，也可以穿着男装，策马扬鞭，在街市郊野穿行。

"三月三日天气新，长安水边多丽人。""三月三"又称为上巳节，是唐朝时重要的节日。时当暮春，风和日暖，杨贵妃的两位姐姐，虢国夫人和秦国夫人携一众仆从，至曲江游春踏青。从这幅《虢国夫人游春图》中，我们能看到当时美人出游的盛况。

出行的队伍前呼后拥，花团锦簇。除了华丽的衣着以外，坐骑也能表现出主人的身份。图中重要人物骑着俊美的"三花马"，马鬃被修剪得更加圆润，不再见棱见角。马背上是华丽的鞍鞯，马胸前佩戴鲜红的缨球装饰。因为是美人出游，不需要快速奔跑，马尾只在尾梢处简单打结。

张萱 《虢国夫人游春图》（宋摹本） | 辽宁省博物馆藏

位于画面中间这位贵妇的马，左前腿与左后腿同时向前迈出，右边两腿在后，看起来类似顺拐。仔细观看，昭陵六骏中的特勒骠也采用此种步伐。

张萱 《虢国夫人游春图》局部（宋摹本） | 辽宁省博物馆藏

这种同时迈出同一侧两腿的步伐叫对侧步，是一种很高级的步伐，可以有效地防止骑行中的上下颠簸，保证舒适度。一匹好马要有很强的耐力和自控能力，不被外界事物打扰，抵御想要狂奔的内心，更要经过严格的训练才能达到这种仪仗步伐。练到炉火纯青的好马，使用对侧步时，步速均匀，走的又快又稳，如同乘船，也只有皇室贵族才能骑得这种良马。

张萱 《虢国夫人游春图》局部（宋摹本） | 辽宁省博物馆藏

  从这些唐代文物、绘画中，我们看到了唐人对马的特殊喜爱，更透射出唐人从容自信的气质。也希望看到这些唐马的你，"春风得意马蹄疾，一日看尽长安花"。

（智朴）

水晶缀十字铁刀

百炼成刀

水晶缀十字铁刀

馆藏：陕西省考古研究院
出土：1992 年陕西长安县窦皦墓
年代：唐

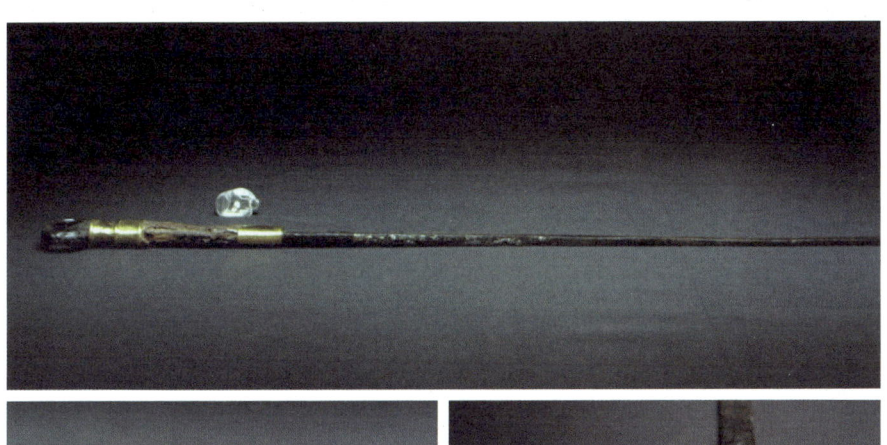

    刀，横刀，大唐的横刀。这只刀一直在地下睡着，1400 年，只睡得个锈迹满身。它醒来的一刻，却突然觉得无限悲凉。当年沙场上同做军刀的伙伴，竟无一全尸。偌大个中国，它是目前唯一出土的完整的唐刀。

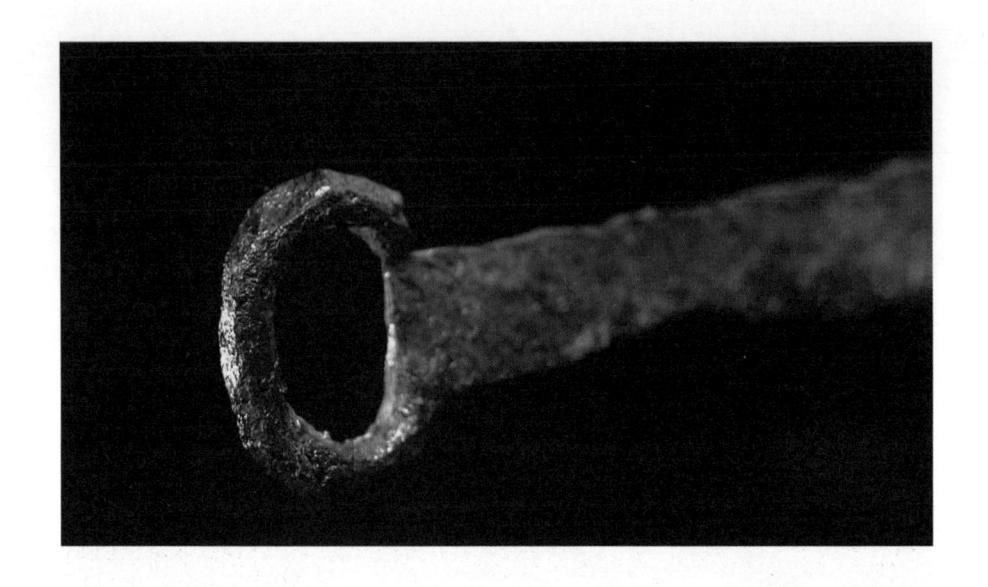

唐刀："大唐，你征战四方，无数将士为你而死，却为何不见武器随葬？难道不知我们已与主人融为一体！"

唐官："兵仗者，谓横刀常带。但随葬一开，难免私藏。所以你们还是殒在疆场上来得其所。"

两把刀，一老一少。那老者从汉朝来，此刻怒气冲冲。

汉刀："你可知罪？"

少年唐刀："师傅，徒儿不知何罪。"

汉刀："身长，刃直，柄以铁环相缀。你长了这副环首刀的脸面，却可还记得源流？"

少年唐刀："汉之前武器多为青铜，其材质决定招法以刺为主，步兵为阵，对匈奴马战并不实用。改为刀，单刃、厚脊，则大大利于劈杀。"

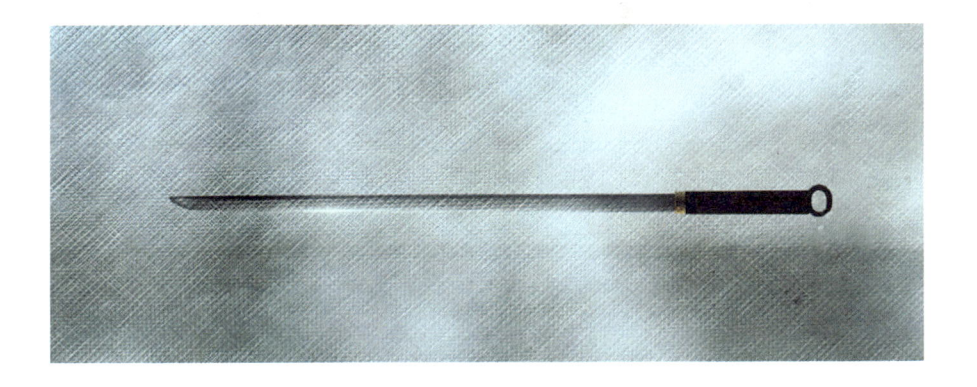

水晶缀十字铁刀

汉刀:"果然你只记了皮毛。"

少年唐刀:"汉军亦开始学习马战。环首刀在马上大杀四方,一举成名,几乎是当时杀伤力最强的近身兵器。师傅,您看,徒儿一直谨记。"

汉刀:"皮毛皮毛!你看看你的后背是什么字啊?"

铁匠:"看锤!"

这一锤砸下去,是千斤的力量。他行走江湖的时候,便以锤闻名。退隐之后,大家只知道他是铁匠。据说,做了一场梦,梦醒来便满脑子想着做最好的刀。

水晶缀十字铁刀

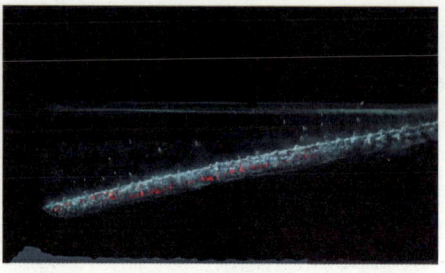

铁匠："刀刃淬火，覆土刀身，以控制降温的速度，让刀刃处无比坚硬锋利，而刀身保持韧性，不易折断。"

他干活的时候总喜欢自言自语。

铁匠："将铁锻打，折叠，拉伸，再锻打。成百折百炼之钢。"

水与火，看似最不相容的两种东西，却激出最好的刀。

少年唐刀："百炼之法，是我们环首刀锻造的精髓。大破匈奴的不是环首刀的形，而是这百折百炼的刀身。师傅，骨子里的东西，徒弟并未忘记。只是您为何拒绝接纳新鲜的东西呢？"

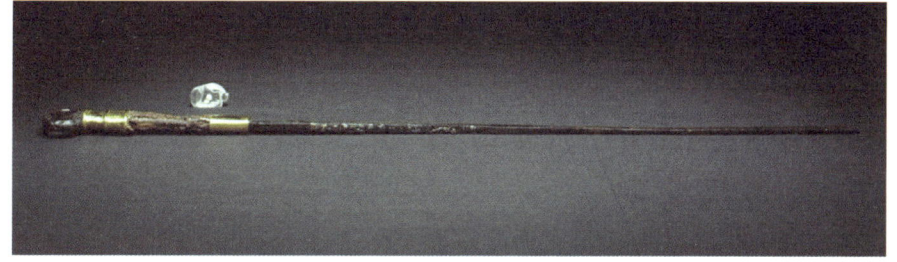

唐刀决定向汉刀直言。

少年唐刀："环首，以前只是拴绳子套住手腕，以防止脱落，现在则刻画了刀的个性。系在我环首上的水晶猪，是传说中域外战神的化身之一。入我中土，则为我提振精气。大唐朝廷，外国人都可以来做官。因他们信仰大唐，他们愿意成为唐人。师傅，一切属于骨子里的东西，徒弟并未忘记。只是大唐已是一个胸怀世界的大唐。"

迷雾散尽，唐刀蓦地发现，自己还是孤零零的一个，刚才的一切仿佛从未发生过。是独自前行，还是梦回大唐，唐刀意难决。

唐代将军的宝刀

　　1992年2月，在陕西长安县南里王村韦皇后家族墓之西南侧，发掘了一座斜坡形长墓道土洞墓，墓主为窦皦（jiǎo）。墓中出土了高规格的随葬品：迄今为止所发现的保存最完整、装具最奢华的唐刀；工艺精湛、装饰华丽的金筐宝钿玉带；花纹繁复的四神十二生肖铜镜……墓主人拥有如此之多的精美随葬品，我们却在《旧唐书》《新唐书》中都找不到关于他的记载。幸好，此墓中出土的墓志铭向我们描述了窦皦的生平，同时也补充了史料的不足。

　　窦皦，字师明，扶风平陵人，其父为窦抗。史书记载，窦抗出身颇高，其母是隋文帝的姐姐万安公主，窦抗年轻时姿容秀美，性情坦率，也颇得隋文帝的宠爱，袭爵陈国公，后任梁州刺史、幽州总管。隋炀帝继位后，怀疑窦抗意图谋反，心生芥蒂。后窦抗投奔李渊，归唐拜相。窦抗又是唐高祖李渊之妻太穆皇后的族兄。由于皇后之父窦毅一脉子孙稀疏，窦抗成了太穆皇后娘家的代表人物，深受宠信。欧阳修形容："帝听朝，或引窦抗升御坐，既退，入卧内，从容谈笑，极平生欢，以兄呼之，宫中称为舅。"

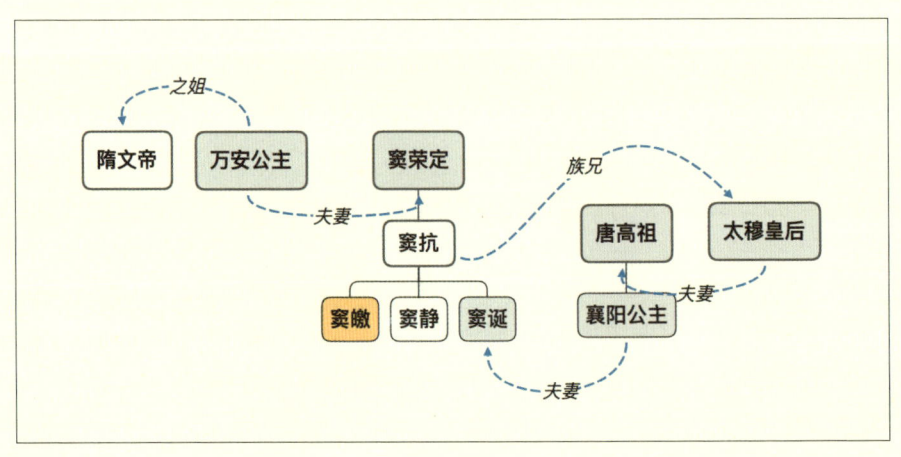

窦皦家谱

水晶缀十字铁刀

窦抗能征善战，是唐朝开国功臣，其子也为唐朝屡立功劳。其中一子窦静任司农卿，带领士卒垦荒种田，缓解了战时军粮馈乏的局面。李渊将自己的第二女襄阳公主，嫁给了窦抗的第三子窦诞，以示恩宠。

窦皦也屡立战功，武德元年（618年）与父窦抗随同唐太宗李世民征讨薛举等，授上柱国。武德二年（619年）被授秦王府右亲卫车骑将军。贞观元年（627年）九月，窦皦因病去世，年仅31岁，于同年十月葬于万年县洪固乡樊川之北原（即今长安县之北原）。综观窦皦短暂的一生，如墓志所云："阵必先陷，战无不克。"因此被加官进爵，为禁军首领，负责东宫西宫的警卫。

我们来看看窦皦墓中出土的这把唐刀，它通长84厘米，厚脊薄刃、直身平背。唐刀出土时，刀柄侧有一猪形水晶坠，刀在实验室清理过程中发现刀背有错金铭文，能隐约辨认有10个文字。文物登记造册时，就使用了"水晶缀十字铁刀"作为账册名字。实际上，按照标准文物命名应该叫"唐窦皦环首错金横刀"更为合适。

121

这把刀的刀茎较宽，上面仍残留有一些朽坏的木柄结构，依稀可见鲛鱼皮。环首下、柄前后有两段箍状包金，靠近刃部的包金较薄，靠近环首处的包金较厚。1300多年过去了，唐刀上的包金依旧金光闪耀。仔细看，会发现刀脊上有一行错金小字"□□尺百折百练匠□□兴造"。铭文不可辨认的部分，可能是刀的制作年份和工匠名称。靠近环有一道横筋，此处还有一个上下两端起筋的鞘口箍，所以该刀为"入鞘式"。刀环为铁质扁圆形，依稀有错金，中间有一个三角形凸起，原型已经锈蚀，较难辨识，可能原来为如意形。

　　铭文中有最重要的四个字："百折百练"。由于古代并没有文字用法的严格规定，所以铭文上用"练"来代替"炼"字。"千锤百炼""百折不挠"这些成语至今我们仍在使用，用来比喻意志坚强，无论受到多少次挫折，毫不动摇退缩。其实，它们最早就是来描述古代刀剑的制作工艺——百炼钢。

　　在冷兵器时代，拥有一把结实锋利的宝刀是每位武将的毕生追求。早期的铜刀被更加坚韧的铁刀所取代。东汉末年，在众多工匠的千百次实践后，终于制作出能斩断生铁的百炼钢刀。古代工匠把精铁加热，反复折叠锻打，再放入动物油脂或水中冷却。反复的加热锻打可以排除铁中杂质物，让生铁中的含碳量下降。每次锻打后，重量都会减轻，锻打一百多次，直到斤两不减，使得成品碳分布更加均匀，内部组织致密，即成锋利无比的百炼钢。

　　百折百炼的工艺费时费力，制作出的宝刀自然也价值不菲。东汉时期，一把名钢剑的价钱，可以购买一家祖孙七人两年多的口粮。三国时期，曹操命人制作五把宝刀，花费了整整三年时间。南北朝时期的綦毋（qí wú）怀文进一步改进了制刀工艺，根据不同部位的用途选择适当的材质。一般来说，刃口主要用来刺杀，要求有较高的硬度才能保证刀的锋利，所以选择硬度较大的钢来制造。而刀背主要起一种支撑作用，要求有比较好的韧性，使刀在受到比较大的冲击时不致折断，就要选择韧性较大的熟铁。綦毋怀文在制作刀具时将熟铁和钢巧妙结合起来，发挥各种材质的优点和长处，节省了贵重材料，也降低了刀的成本和费用。这种制刀工艺，今天还在沿用。

诞生于汉代的环首横刀是当时世界上最为先进、杀伤力最强的近身冷兵器，也是人类历史上具有非凡意义的一种兵器。刀头的环首既可以起到平衡配重、又可连绳套挂手稳定握持、还能坠挂饰物和刀穗，有实用和装饰的双重作用。窦皦墓出土的唐刀继承了汉代环首刀的造型和百折百炼的工艺。汉代出土了大量的环首刀，而国内经过正式考古发现的唐刀，严格说只有窦皦墓这一柄。

窦皦是武将，屡立战功，在他的墓中出土一件唐刀似乎并不奇怪。然而，制作精良的唐刀价值不菲，如果陪葬之风一开，就会有私藏出现，所以唐朝一律禁止武器陪葬。唐朝初年，窦皦出身名门，与唐皇室的关系密切，自身得到重用，才能有如此丰厚的陪葬。该墓中还出土一件金筐宝钿玉带，因其制作工艺难度大，白玉易破损，成品率极低，只有少数皇亲国戚和高级贵族才能享用。由此来看，窦皦生前可能升职为三品武官（或死后加封）。因此这把错金字、包金柄的唐刀也应属于三品武职佩刀，极有可能就是十六卫大将军（正三品）所用的仪仗横刀。

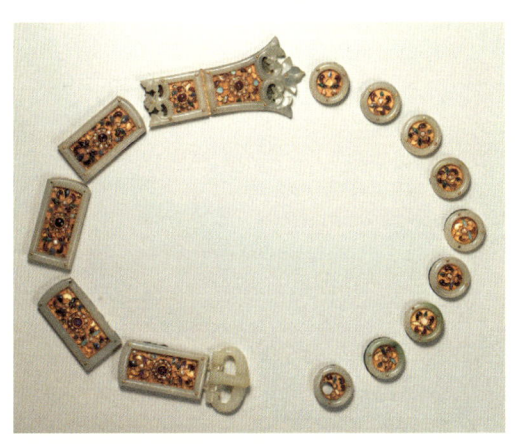

窦皦墓金筐宝钿玉带

（杨小燕）

回洛仓刻铭砖

天下粮仓

回洛仓刻铭砖

馆藏：洛阳市文物考古研究院
出土：河南洛阳小李村回洛仓遗址
年代：隋

回洛仓刻铭砖上依然清晰地保留着以下信息：

太仓署，新都仓，回洛城北竖街东第五行，纳丁粟贡米（分别来自八个县，附四级受领官吏姓名）大业四年十二月二十日。

大业元年（605年），隋炀帝迁新都洛阳，开始疏浚自然河流与历代开凿的河道，修建大运河，将富饶的华北平原和东南沿海的物资运往洛阳。第二年十二月，在洛阳城北置回洛仓。

夯基槽	挖仓窖
拍仓壁	火烤干
铺膏泥	铺木板
铺竹席	

掌回傅璟
史乐高

农业时代，用粮食、纺织品等实物缴税，各州县的正仓收取百姓赋税的粮食。

"收荥阳郡贡米壹万贰仟。"

"新郑县来的漕船到了。"

"我是氾水县典刘信……"

大运河沿线的粮食由漕运汇集到洛阳，回洛仓被推测为隋代的国家粮仓——太仓。1000多年里，粮仓已经装满历史的尘埃。考古工作者清理近千层淤土，找到了隋代粮仓的构造。夯实的基槽内围，挖出圆缸形仓窖，将仓壁土层拍打结实，火烤。完全干燥后，铺青膏泥防渗层，再铺木板、竹席，这样储存的粮食不易受潮发霉，粟能保存9年。这座仓窖储存粟米约275吨。各级12位经手人都留有姓名，以备责察。连同这座仓窖位置、粮食品种、储

存的日期、总数量和分别的来源，全都刻在一块砖上，封存在大地之下。待到取粮时，取出核查，而后废弃。在这关联着万顷良田的粮仓，每一粒米都有来处和去处。

回洛仓刻铭砖

回洛仓约有 700 座仓窖，间距 10 米，东西成排，南北成行，中间十字形道路分割四块区域。仓窖区东西各有一个，中间由署衙管理区域隔断。技术上回洛仓几近完美，然而战略上却存在致命缺陷。它建在洛阳城的城墙之外，战乱时期，巨量粮食必是争夺重点。唐人总结了这一弱点，于洛阳城内紧邻宫城的含嘉仓储粮，规模超过 400 座窖，到宋代仍有使用。含嘉仓 160 号窖，1971 年发掘时仓底有粟，虽已炭化，但有机质成分超过 50%，考古学家把这归功于粮窖设计的科学。这堆炭化的粟，当年存放时应是一满窖，约 250 吨，

约合近千农民一年产量,数千人一年口粮。"忆昔开元全盛日,小邑犹藏万家室。稻米流脂粟米白,公私仓廪俱丰实。"(杜甫《忆昔二首》)

　　唐天宝八载,含嘉仓粮食储量占全国官仓的46%。隋唐东都,神都洛阳,含嘉仓行使太仓的职责。赋税以实物缴纳,俸禄也以实物发放。全国官吏的俸禄,都出自各地粮仓。深埋地下的粮仓,收储转运系统,奠定了都城安定,国家运行的基础,支撑起地上那一片繁华。

> 知识链接

帝国粮仓

2021年4月13日，经过专家评选，河南淮阳时庄遗址通过层层选拔，在众多考古成果中脱颖而出，最终入选2020年度全国十大考古新发现。

时庄遗址中没有发现皇家宫殿，没有高等级的墓葬，更没有出土精美的器物。它能入选十大考古新发现，在于它发现29座"奇怪"的房子。这些建筑明显有别于同时期居住用的房屋遗址，是我国发现年代最早的"粮仓"，也是时庄遗址最重要的考古发现。

中国文化的核心是农耕文明，民以食为天。管子说："仓廪实而知礼节，衣食足而知荣辱。"专门存储粮食的"仓廪"很早就进入了文字记录的视野。甲骨文的"仓"字就很形象，是一个地下窖穴上面加盖有门的圆锥形屋顶，用来储藏粮食。

粮食的储存，最重要的就是隔水防潮。时庄遗址的粮仓就已经制作了"防水层"。在粮仓底部，考古工作者发现了一层粗颗粒黏土构成的隔水层，其上是一层细颗粒黏土构成的防水层，在粮仓的外部还涂抹一层细泥。这些粮仓建筑所特有的防潮措施，一直沿用了几千年。

甲骨文中的"仓"

时庄遗址除了发现有地面粮仓，还有一种地上粮仓。这种粮仓先在地面上用土坯垒砌多个圆形的立柱，立柱间再砌墙连接起来，形成一个大的圆形基础，其上铺垫木板作为仓底，再以土坯围成一圈仓壁，加盖仓顶。这种地上搭建粮仓的样式较为少见。

经过对粮仓底部堆积物进行筛选、检测，发现当时粮仓中主要储存粟、黍，即小米和黄黏米。将这些有机物进行碳十四测年，显示遗存的年代为公元前

2000 至公元前 1700 年，已进入夏代早期纪年。时庄遗址经历了从早期兼具仓储和居住功能，到中期功能专一的粮仓城，再到晚期废弃的过程，是我国目前发现的年代最早的粮仓城，为研究我国古代早期国家的粮食储备、统一管理等提供了绝佳的实物资料。

时庄遗址发掘的地上粮仓遗址

时庄遗址不是第一个入选十大考古新发现的粮仓遗址，2014 年，同样发现于河南的隋代回洛仓与黎阳仓遗址就被列入当年的"十大"名单。隋唐是我国古代大型国家粮仓建设的顶峰时期，也是我国古代地下储粮技术发展最完备的时期。据《隋书·食货志》记载：隋文帝开皇三年（583 年），"于卫州置黎阳仓，洛州置河阳仓，陕州置常平仓，华州置广通仓，转相灌注。漕关东及汾、晋之粟，以给京师"；隋炀帝大业初年（606年），"置回洛仓于洛阳北七里，仓城周回十里，穿三百窖"。

　　隋代黎阳仓遗址位于河南省浚县，东邻黄河故道，西距卫河（永济渠）仅1.5公里。黎阳仓城依山而建，平面近长方形，东西宽260米，南北残长300米。目前探明的储粮仓窖有90多座。

　　回洛仓位于隋唐洛阳城北1.2公里，建造在邙山南麓的缓坡上。经考古发掘，回洛仓的仓城呈长方形，面积比黎阳仓要大得多，东西长1000米、南北宽355米，仓城城墙厚约3米。内部由署衙区、仓窖区、道路和漕渠等部分组成。仓城内，一个个大型仓窖成组分布，整齐排列。漕渠直接连通运河，粮食通过水路运到回洛城内后，再经过地面十字连通的道路，送到各个仓窖之中。经考古勘探，整个仓城内有仓窖约700座，远超文献记载中的"三百窖"，是目前国内考古发现仓窖数量最多的古代粮食仓储遗址。

隋代洛阳城外的回洛仓示意图

唐代洛阳城内的含嘉仓示意图

回洛仓刻铭砖

考古学家认为，回洛仓是隋代都城具有战略储备和最终消费功能的大型官仓，而黎阳仓则是依托黄河和大运河而具有中转性质的粮仓。这些具有不同功能的大型国家粮仓对隋朝的兴衰起到了巨大的作用，回洛仓和黎阳仓更成为隋末政权争夺战中起决定作用的重要战略因素。

隋大业十三年(617年)四月，瓦岗军首领李密派兵攻打洛阳城外的回洛仓。这些兵士原是因战乱而流离失所的农民，一听要攻打粮仓，个个摩拳擦掌，勇气百倍。瓦岗军占领回洛仓后，便开仓放粮吸引饥民，使得东都洛阳城粮食缺乏，陷入困境。其后，隋军出兵，双方反复拉锯，展开了对回洛仓的争夺，粮仓也多次易手。同年九月，李密派五千精兵，会同其他农民军，一举攻破黎阳仓，继续开仓放粮，起义军增加了二十多万。此后，瓦岗军达到鼎盛时期，成为隋末最强的一支起义军。唐朝一统天下后，吸取隋朝将粮仓建在城外的教训，废弃回洛仓，扩建洛阳城内的含嘉仓，使含嘉仓成为我国古代最大的粮仓。

这些帝国的粮仓，经过精心规划建筑而成，储藏着国家的命脉——粮食。国家粮仓，普惠天下，粮仓的兴与废，直接关系着国家的兴衰。这些粮仓遗址的考古发现，对于研究古代社会经济、政治、工程技术及俸禄制度等具有重要的实物资料价值。回洛仓遗址、含嘉仓遗址、黎阳仓遗址都入选了大运河世界遗产名录，也反复印证了粮食始终是国家的头等大事。

(智朴)

黄河铁牛

穿越时空的基建

黄河铁牛

馆藏：山西省永济市蒲津渡遗址
材质：铁
年代：唐

唐开元十二年（724 年），一项基础设施作为国家战略上马。这是一项耗资巨大的工程，事实上，当年国家铁产量的五分之四都被这项基建工程吃掉，约 1100 吨。这就是黄河铁牛——蒲津渡浮桥的桥桩。

蒲津渡浮桥在今天不大出名，但在唐朝，它是全国的运输命脉。河东的盐、山西的铁、关中的粮、拱卫京畿的部队，都在此地集结。因此，这座浮桥的桥桩至关重要。浮桥漂于大河，关键的受力点，就在于岸上的桩。大地之下，埋藏着唐帝国的综合国力。地面下6根铁柱带着倒刺，牢牢扎入地下。铁柱被特意做成倾斜的角度，而后，牛顿定律启动了。铁牛自身的重力与浮桥的拉力产生了一个更大的合力，而且拉力越大，铁柱陷入地面越深，桥桩越牢固，这是一个惊世骇俗的设计。

今天我们知道，作用力与反作用力大小相等，方向相反。而当时，为了让桥梁设计的疯狂想法付诸实施，唐帝国的道路工程师也加入了战斗。为了让铁锚柱越陷越深，其周围掺杂了大量石头块。锚柱下陷，石头块就会抬升，依然紧紧包裹锚柱。让整个工程可以在合理范围内活动，不会被黄河的瞬发力量摧毁。综合了冶金学、力学、建筑学、道路工程学的黄河铁牛也很给面子，

它所负担的蒲津渡浮桥安全使用了 500 年，因黄河改道，终没入泥沙。

根据当今国际通行的建筑标准，桥梁寿命应不少于 75 至 100 年。直到今天，1300 年后，作为桥锚的黄河铁牛应力结构依然完好，这超出了现代标准的 13 倍。我们无法计算在唐代有多少人曾踏上过这架浮桥，感受着黄河怒涛对脚掌的压力，我们也不知道有多少前来长安的士子、军人和商旅，曾经在这关河要冲瞭望，思考着大唐因何而强盛。

黄河铁牛

黄河铁牛

今天,我们用牛来比喻固执,我们用牛来形容倔强,也用来评价能力,赞颂我们欣赏的人。黄河铁牛可能是世界上加班时间最长的牛,它们用铁索拉起蒲津渡浮桥,见证了黄河改道,时光流转。黄河铁牛可能是历史上最励志的牛,仍然在黄河岸边默默伫立,看河山依旧。

不变的守护

黄河，由西向东流经全国 9 个省区，我国先民们很早便在黄河周边耕作、生活、定居。黄河滋养了中华儿女，孕育了中华文明，是我们的"母亲河"。黄河发源于青藏高原的山脉，中段流经中国黄土高原地区，因此夹带了大量的泥沙，黄河也是世界上含沙量最多的河流，导致其经常泛滥、改道。在中国历史上，黄河的水灾给人类文明带来了巨大的影响。

早在上古时期，黄河便经常泛滥，房屋庄稼被淹，人民流离失所，水患给人民带来无边的灾难。上古明君尧与舜都在寻找可以治水的人才。司马迁《史记·夏本纪》记载，帝尧询问众人，谁能治理水患，以解人民于苦难？众人云："等之未有贤于鲧者，愿帝试之。"大家都认为没有比鲧更合适的人选，帝尧便同意让他去治水。可惜，鲧治水 9 年，大水还没有消退。到帝舜继位时，也征求大臣们意见，众人推荐鲧的儿子禹继续治水。帝舜并没有因为鲧的失败而轻视禹，很快将治水的大任交给了他。大禹也不负众望，他顺应山川水文的客观情况，将九州视为一体治理，一改父亲鲧"水来土挡"的策略，改堵为疏。历经 13 年，终于驯服了洪水。

在洪灾泛滥的古代，人们为了祈求平安，往往会在河边、江边建造镇河宝塔或者镇水神兽。

2012 年，成都天府广场东北侧四川大剧院的考古工地上出土了一尊石兽，它埋藏在距地表 3 米以下的地层，长 3.31 米、宽 1.38 米、高 1.93 米、重约 8.5 吨，由整块红砂岩雕刻而成。石兽的耳朵、眼睛、下颌和鼻部清晰可辨，局部装饰卷云图案，四肢短粗，身体浑圆。因为其呆萌的形象，一经发现，就获得了众多网友的喜爱。考古学家根据其形象，将它命名为"石犀"。

事实上，这并非它第一次出土。1973 年，成都市政府在同样的位置修建

成都天府石犀出土现场及身上铭文

电信大楼,就曾经挖出过这头石兽。当时因为石兽太重难以搬动,再加上电信大楼的地基不用再往下打,因此石犀短暂现身后,被重新埋于土中,直到近40年后才得以重见天日。

现在被称为"天府之国"的成都,在古代并不富饶,这里非涝即旱,有"泽国""赤盆"之称,当地人民世世代代与洪水作斗争。秦惠文王时期,秦国吞并蜀国,派精通治水的李冰任蜀郡太守。李冰实地考察后,发现原来所凿的引水渠首并不合理,与儿子一同主持修建了都江堰水利工程,至此岷江水患被彻底根除,使得成都平原富庶起来。我国古代兴修了许多水利工程,其中颇为著名的还有芍陂(què bēi)、漳水渠、郑国渠等,但都先后废弃了。唯独李冰创建的都江堰,历经2200余年,这一伟大的工程依旧发挥着防洪灌溉和运输等多种功能。

古人相信犀和牛有一种分水能力。因为它们下水游泳时,头上的角会将水波向两边分开,如同劈波斩浪一般,所以经常被作为镇水神兽。《华阳国志·蜀志》中记载:"秦孝文王以李冰为蜀守……作石犀五头,以厌水精。"成都

1974年都江堰河床出土的李冰石像及铭文

出土的石犀建造年代、出土位置都与文献可以对应，虽然目前还没有直接证据证明它就是李冰所造的五头石犀之一，但其功能是完全相同的。其实李冰所造的石犀，不仅借助犀牛的形象，来吓退"水精"，它还是每年淘挖泥沙的深度标准和测量水位的标尺。所以，萌萌的石犀，绝对是集科学力量与民间传说为一体的镇水神兽。

唐代开元年间铸造的黄河铁牛也是如此。蒲州位于今山西省永济市城西，唐开元年间，蒲州经济发展迅速，一跃成为全国六大雄城之一，蒲津渡的交通地位显得更加重要。当时的兵部尚书向唐明皇上疏，陈述蒲津桥已破败不堪、难承车马重负。唐明皇听后立即降旨，决定在蒲津渡重建新桥，并发动满朝文武集思广益，数万民众共同铸造。终于，这一唐朝超大"基建工程"的蒲津铁桥建成。八只巨型铁牛及地下的铁柱深深插入河堤，铁索跨过黄河，连接舟船，形成桥面。终于，蒲津渡桥将黄河天堑变成通衢大道。

"三十年河东，三十年河西。"黄河铁牛经受住了五百年河水的冲击，经受住了商旅、行人的往来，却因黄河改道，渐渐被泥沙所覆灭。在20世纪40年代，枯水季节，下水还可以摸到铁牛的牛角，船底有时候也会被牛角刮伤。20世纪50年代，三门峡库区蓄洪，河床淤积，加上河水西移，黄河铁牛已经陷入2米有余的河滩里了。

黄河铁牛

黄河铁牛早期陈列方式

1989年8月，永济文物局开始对黄河铁牛进行挖掘。经过一年多的查访勘探，处于黄河古道东岸的四尊铁牛全部出土。铁牛重见天日，保护工作却困难重重。为了不因搬迁移动对铁牛造成损伤，几经争论，采取了就地提升、露天陈列的方式，即把铁牛、铁人、铁柱等从原地提升12.2米，在地表以上恢复原貌展示。

著名桥梁专家唐寰澄先生称赞铁牛："这是一个具体的工程建设，有实际功能的艺术珍品，是技术和艺术有机结合的典型，是中国人民对世界桥梁、冶金、雕塑事业的贡献，是世界桥梁史上唯我独尊的永世无价之宝。"

这就是我们的先民，从大禹到李冰，再到铸造黄河铁牛的唐人，面对滔滔洪水，我们从不等待救世主，而是运用自己的智慧，尊重自然，尊重科技。一步一步，靠自己的双手，创造我们的未来。

(智朴)

大秦景教流行中国碑

时间之门

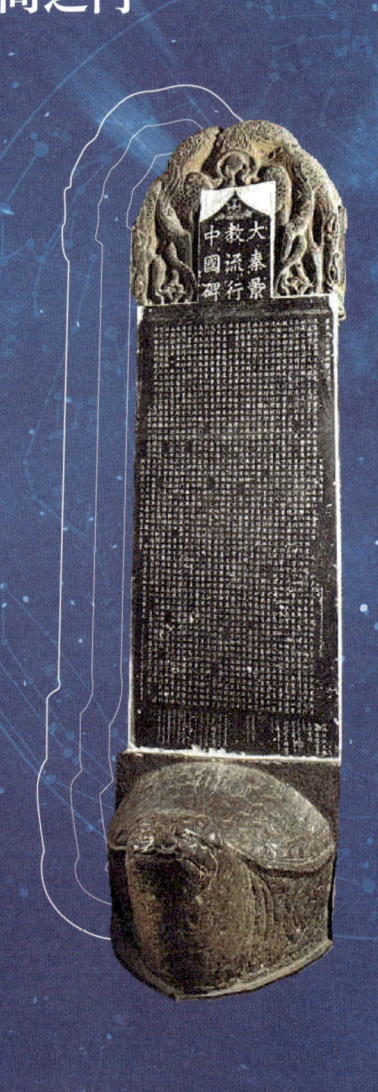

大秦景教流行中国碑

馆藏：西安碑林博物馆
尺寸：高 279 厘米，上宽 92.5 厘米，下宽 102 厘米
年代：唐

　　海枯石烂，曾经是我们关于时间最久远的想象。我们把字刻在石头上，期待它可以载着我们的故事穿越时光。

　　这个位于西安南城墙根的院落，保留了自东汉以来的数千块珍稀碑石，组成了碑的森林，每一座石碑都犹如一扇时间之门。

汉语的节奏和词汇，讲述着《圣经》中的创世神话，文中提到的真主阿罗诃就是上帝耶和华。

公元781年2月4日，礼拜天，京师长安义宁坊，中国有史以来的第一座教堂——大秦寺院内立起一座石碑，碑首中国传统的螭龙之间刻有基督教的标志十字架，百合花和飞云在两侧环绕烘托，十字架之下以楷书题写"大秦景教流行中国碑"。

景教是公元5世纪从早期基督教独立出来的派别——聂斯托利派，起源于东罗马帝国。汉唐古籍中将这个与东方遥相辉映的帝国称为大秦。

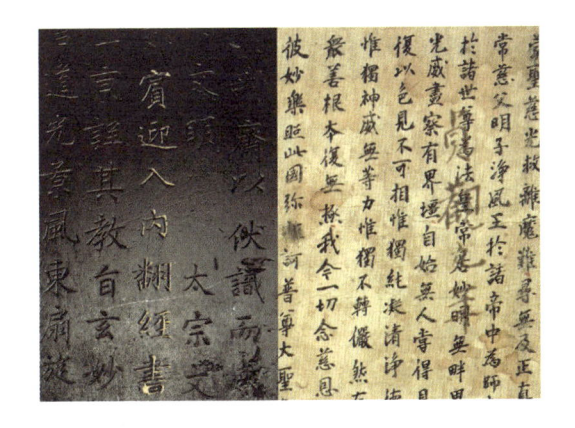

景教碑碑文全篇有汉字1780个，以楷书写成，堪称书法典范，另有古叙利亚文21行。碑文开端歌颂上帝，弘以教义，继之回顾了景教在唐代146年的流布事迹。公元635年，宰相房玄龄受唐太宗之命迎至长安西郊，等候从波斯前来的景教教士叙利亚人阿罗本。

唐帝国以其广阔的胸襟包容着对世界的多种解释。和本土的道教、外来的佛教、伊斯兰教、祆教、摩尼教一样，景教让唐朝对生命的想象又多了一种色彩。

阿罗本一行被获准在皇帝的藏书楼翻译《圣经》，初来东土大唐的基督教派很快有了新名字。由于"景"有光明之义，人们将其取名为景教。碑文由朝议郎吕秀严书写，由自小生活在长安的波斯人景净撰文。为了贴近唐人思维，他大量借用中国概念，不仅引经据典，还将教堂称作寺，神职人员称为僧。

大秦景教流行中国碑，作为探求这个古老教派变迁流转的珍贵密码，更是一扇见证文明交流互鉴的时间之门。那个"景"字，它看见过发光的大唐。

后世西方学者将大秦景教流行中国碑与埃及罗塞塔石碑、约旦摩押碑和阿兹特克授时石刻并称为"世界四大名碑"。

> 知识链接

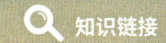

景教入华的"努力"

景教，这个令人感到陌生又熟悉、与基督教有着千丝万缕联系的宗教，在唐代开放包容的时代背景下闪亮登场，与众多异域宗教一样，入华后它面临着一个棘手的问题：该如何传播宗教并发展信徒。而西安碑林博物馆所藏的景教碑，不仅为我们勾勒了一幅景教入华的流传盛况，同时也从侧面解答了这个问题。今天，就让我们从碑文内容以及石碑的形态，来谈谈景教碑所体现的景教入华的种种尝试与努力。

首先，外来宗教要面对的是对宗教的重新命名问题。景教（Nestorianism）为基督教徒聂斯托利所创，是带有浓厚的聂斯托利派色彩的基督教。那么为什么要用"景"这一字呢？比较流行的一种观点是，"景"这个字兼顾了音与义："景"字的古音声母K与西文Christ和Catholic相似；再从涵义来看，"景"有光明的意思，与导向光明的教义相通，同时也有着景教前途光明伟大的寓意，真的可以说是"翻译的艺术"了。

其次，是对教义的翻译与阐述问题。在碑文中我们可以看到将基督教的宗教术语直接与佛、道两教术语相对应的做法，比如将"三位一体"译作佛教中的"三一妙身"，将崇拜对象称为"世尊"等。除了景教碑之外，在敦煌发现的景教文献中，同样有大量借助佛道名词和儒学思想来阐述教义的例子。可以说，这种中国化的改造极大地减少了语义上的理解阻碍，使人更易于理解与接受。

最后，是景教标志性的宗教艺术——十字架的中国化。在景教碑的碑额正中间，雕刻有基督教典型的十字架符号，这是基督教世界最为重要的象征性符号，它的重要性在碑文中也有体现，如"判十字以定四方""印持十字"的叙述。

仔细观察景教碑的碑首，可以发现一些饶有趣味的图像配置：标志性的十字架由莲台承托着，在莲台两侧又幻化出两朵云气环绕烘托着十字架。莲花与莲座是典型的佛教艺术元素，云气也有明显的神仙意象，让人联想到道教。因此从这种图像也可以看到景教对佛道宗教艺术图像的吸收。

唐代以后，虽然十字和莲花的形态有所变化，但"十字+莲花"的构图模式更加普遍地存在于中国景教艺术的遗存之中，而中国之外这种组合搭配极其少见。因此，"十字莲花"可以被视作有着中国特色的中国景教艺术。

传教士们用浸润在儒道佛之中的唐代人民所熟悉的用语和图像来进行阐述、描绘，从而试图达到深入人心的效果，并获取更多的信众。如果用一个当下的流行语来概括这些做法，那就是"接地气"，这也许就是景教在唐初

房山十字寺遗址出土的元代景教十字架刻石

迅速流行一时的原因吧。除此之外，景教的风行一时还有一些外部因素，那就是获得了当时统治阶级的支持与认可。碑文中记载"帝使宰相臣房公玄龄，总仗西郊，宾迎入内。翻经书殿，问道禁闱"。可以看出景教入华得到了极高的礼遇：宰相前来迎接。这背后反映的应该是唐朝统治者稳定西域的策略。

随着丝绸之路的繁荣畅通，中西交流在隋唐时期达到了一个新的高峰，不仅丰盛的舶来品令人啧啧称奇，远道而来的异域宗教文化更让当时人们的精神世界得以扩展，于中华文明中书写了灿烂的一页。与同为西来宗教、并拥有旺盛、持久生命力的佛教相比，景教总是略显神秘。不过通过种种考古发现，景教是同样的精彩纷呈，有着浓郁的异域特质，又融合了亲切熟悉的中华气质，也因此"流行中国"一时。

(贾楠)

阿斯塔那俑与文书

折叠时空

彩绘泥塑文官坐俑

馆藏：新疆维吾尔自治区博物馆
出土：新疆吐鲁番阿斯塔那墓群
年代：唐

尊敬的观众朋友们，我们即将闭馆。请您携带好随身物品有序离开，感谢您的参观。

"某叫郭文智，在大唐西州高昌县当个录事。平日掌管公文往来，勾检法律文书。嘿嘿嘿，不做妄语地说，人称'高昌百事通'，百事通！什么'丝绸之路''玄奘取经''火焰山''西游记''吐鲁番'……和高昌有关的词，拿出来都能上热搜！"

彩绘泥塑伏听俑

　　"嗯？真是好兴致。是谁在演奏从长安流行来的'春莺啭'？"

彩绘舞女俑

　　"唉？你看那个在面上贴花子、绘斜红的娘子，她可是我们高昌著名的舞女，世界级的网红！"

阿斯塔那俑与文书

"郎君、娘子们放轻松啊!高昌每天的开市都得敲这二百下的鼓!"

"这里可是真正的国际超级大市场啊!"

157

"瞧一瞧、看一看。正宗蜀地梓州的小练!"

"瞧一瞧、看一看。高昌葡萄干便宜喽!"

"难得一见的波斯国皮裘!来来来,穿上这双驼靴,你就是这条街上最靓的郎君!"

"李三,你给我站住!"

"听说这个长安来的李三,和这胡人的兄长结伴做生意。可这胡人兄长,后来竟然无故失踪了!"

"啊?"

"也有人说是李三谋财害命。"

"哇!"

"他在途中向曹大郎借了两百多匹绢,然后没有还。"

"这事我听李三提起过。他说是曹大郎想去更远的西方,把货物卖个好价钱,他们便在弓月城分别了。"

"唉?"

"录事在此,尔等还不快快住手!"

彩绘木雕胡人俑

彩绘书吏泥立俑

"郭录事,您可要为我兄长主持公道呀!这是李三借贷的文契。"

"那李三,你可有证据啊?"

"我与曹兄在弓月城分别时,碰到过安西都护府的函使,他们可以为我作证。"

"既然如此,待我查验看你是否说谎。曹二郎,这是安西都护府的官牒,有文书记录,确实看到他们分道扬镳。《唐律》规定,若负债违契不偿,一百匹以上,罪加三等,加三等!"

"我愿归还赊借的275匹绢。"

"在大唐,无论是兴胡还是唐人,皆要遵从大唐律法。正是有了严谨的法律作为基石,有了一大批像我这样执法严格的良吏,才有了大唐的盛世。"

阿斯塔那俑与文书

阿斯塔那古墓群

高昌故城遗址

"今日曹二郎和李三这场官司,将被如实记录在文书之上。文书过期之后,不会被直接丢掉。那时候的纸品金贵呀!废弃的纸张是要循环再利用的,它们会被裁剪折叠为墓葬中的纸鞋、纸帽,甚至纸棺,随着逝去的人一同埋入地下。高昌日常的大事小事,就如此随机地在气候干燥的阿斯塔那墓地,得以留存至今。大唐西域的时空被折叠在这火焰山边收藏。当时的一个字,现在的一个谜。一些鸡毛蒜皮的大事,一些惊天动地的小事,就是阿斯塔那的故事。"

> 知识链接

再现千年前的生活场景

"阿斯塔那",这一听起来具有少数民族风土人情的地方位于我国的大美新疆——吐鲁番以东40余公里,北接柏孜克里克千佛洞和火焰山,南临高昌古城。这个名字也许会给人带来一些异域风情的联想,但基于它形成的历史背景,其文化面貌与中原内地也具有一体性。"阿斯塔那"在哈萨克语里意为"首府、首都",不过它并不是一座古城,而是一片多民族聚集的公共墓地,这里埋藏着西晋至唐代高昌居民的生活与故事。

高昌王国,存续于公元460年—640年的新疆吐鲁番盆地,其由来可追溯至秦汉之际,当时这里是车师王朝之所居,正如《魏书》中说:"高昌者,车师前王之故地。"在西域的博弈中,汉王朝为防止车师支持匈奴而出兵围城,使车师王降伏臣属于汉。汉宣帝时期又组织汉人进入车师并定居下来从事农业生产,后发展为我们熟知的屯田事务。至于"高昌"二字的来源,据《魏书·高昌卷》中记载,在汉王朝向西部署兵力时,有人就留在了途中,且看这里"地势高敞,人庶昌盛,因云高昌";也有因此地有汉代高昌垒而故为国号的说法。

西晋末年,五胡乱华,中原大量人口流入西域相对安定的敦煌、高昌等地,其中亦包括一些中原大族。十六国时期政权频繁变更,公元460年,柔然人灭凉立汉人为王,此后为高昌王国时期,历经阚氏、张氏、马氏、麹(qū)氏四个中原大族的统治,直至隋唐统一中原。唐太宗贞观十四年,大军压境使高昌王国归顺了唐朝,和平地建立了西州,从此结束了高昌王国的历史,开始了大唐西州高昌县的故事。

既是大唐西州,高昌居民的日常生活定带有一些大唐的风韵,吐鲁番曾出土了小面点、馕、饺子、馄饨、粽子等食物,既再现了古代新疆先民的饮食构成,又体现了唐代中原饮食文化的影响。阿斯塔那出土了很多木质、泥质的人俑，穿着华丽的女子面绘唐代流行的妆容，带着防风沙的帷帽。从这些出土人俑来看襦裙装、圆领长袍等唐朝流行服饰亦可以了解吐鲁番高昌居民的穿着喜好。仕女画《奕棋图》中，女子额间描花钿，阔眉、小嘴、圆脸，体态及穿着的红色服饰更是展现了唐代的雍容华贵，盛唐的审美绽放在遥远的西域边陲，新疆的社会生活已深受中原文化的影响。

阿斯塔那墓地出土的屏风画《奕棋图》局部

阿斯塔那墓地出土的面食与木碗

阿斯塔那墓地出土的仕女俑

　　吐鲁番别名"火洲"，是中国的"极热"地区，将雪比作梨花的唐代边塞诗人岑参也不禁感叹其地苦热无雨雪。但这种炎热干燥的气候，确实宜于一些纸质、木质、丝质等有机类文物的保存。阿斯塔那墓地中出土的文书资料尤为丰富，内容涉及政治、军事、历史、经济、宗教艺术等诸多领域，围绕着高昌居民生活的方方面面。

　　俗话说："好记性不如烂笔头。"阿斯塔那墓地曾出土一件高昌县学生贾忠礼抄写的《论语·乡党篇》残页，正书小楷，笔法稳健。另一张残存的抄本上，有位12岁的卜天寿同学添了一首五言绝句："写书今日了，先生莫咸池（嫌迟）。明朝是贾（假）日，早放学生归。"从古至今，学生对放假的期盼真是从未变过。

165

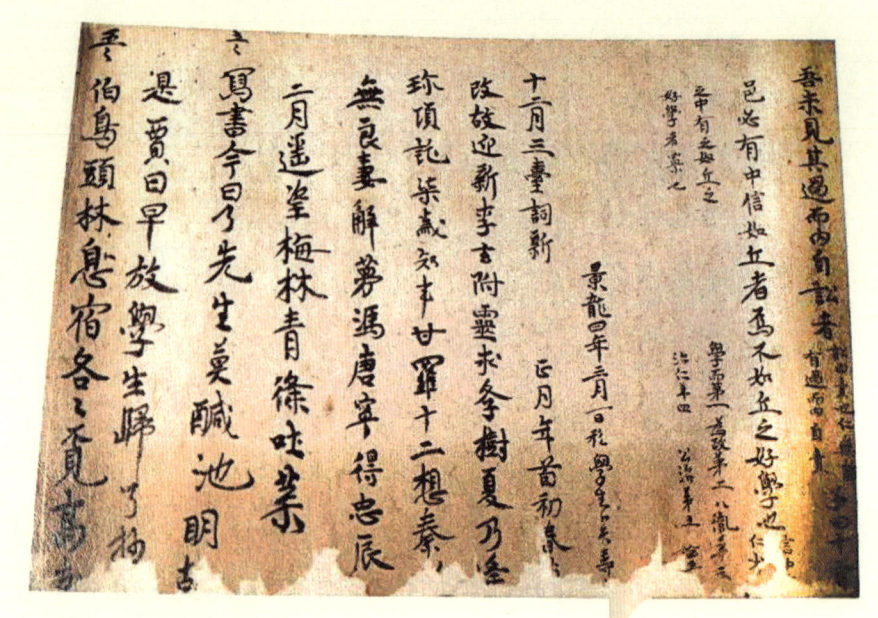

卜天寿《论语郑氏注》抄卷

考古学家在阿斯塔那墓地中发现了多件被裁制为服饰或葬具的《论语》，大多是官、私塾教材的抄本，其版本为东汉末年经学大师郑玄注释的版本。《乡党篇》为孔子所倡导的言谈举止、衣食住行和生活习惯方面的内容，除《乡党》外，还有《雍也》《述而》《泰伯》《子罕》等多篇残卷。这些文书的发现，不仅是对《论语郑氏注》的重要补充，也反映了西域多民族聚居地接受儒家思想和中原文化的影响。

说起吐鲁番，还有必要介绍的内容就是那儿的葡萄。吐鲁番的葡萄是我国国家地理标志产品，其产量占新疆一半以上，为全国的五分之一。阿斯塔那出土的文书中也有关于葡萄经济的内容。一张拆自纸鞋的墨书汉文残片，其内容为高昌王国时期，一位姓张的参军与某寺院签订的葡萄园租赁契约，文书中记述了日期，租赁的时长及约定双方不得反悔等内容。唐代西州高昌也有类似的文书，不过内容更加详实，如这张《唐长安三年严苟仁租葡萄园契残片》。唐长安三年，这位严先生向麹善通租借二亩葡萄园，院内还有十颗枣树。这片儿葡萄园应为新开的园地，葡萄种植时间不长，长势不旺，所以当年不收租金，从第二年开始收租金四百八十文，连年递增，五年租期共两千七百二十文，从此不难看出西州高昌发达的商品经济和不断完善的契约制度。

阿斯塔那墓地被认为是"高昌的历史活档案，吐鲁番地下博物馆"，千年前的时光被浓缩在人俑的姿态中，被折叠进文书的墨迹里。当然，阿斯塔那墓地出土的惊喜并不止于此。近些年来的年度中国考古十大发现中我们总能看见新疆的身影。2017年，学者在阿勒泰地区发现了新疆第一个旧石器时代洞穴遗址；2018年，天山伊犁河谷发掘了以青铜时代为主体的大型聚落遗址；2019年，天山北麓附近，文献中所记汉代"疏勒城"的样貌逐渐清晰。不如说整个新疆就像一个历史的宝藏，等待着人们去探索、认知。

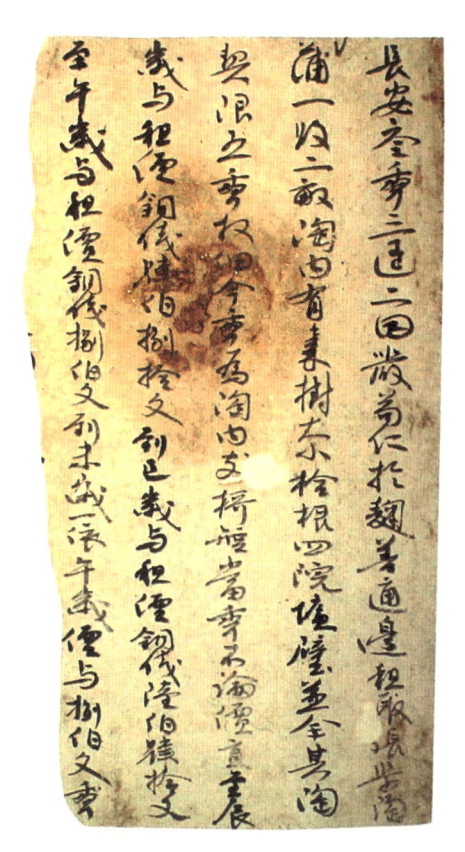

《唐长安三年严苟仁租葡萄园契残片》

(陈坤)

三彩载乐骆驼俑

乐舞大唐春

三彩载乐骆驼俑

馆藏：陕西历史博物馆

尺寸：通高 58 厘米，长 41 厘米

年代：唐

这只骆驼，仰天，张着嘴，舌尖向上弯曲，好像因为发声而颤动，似在鸣唱。

驼峰上架着平台，方寸之间托起一支微缩的八人乐团。驼背成为流动的舞台。三彩载乐骆驼俑 1959 年出土于西安西郊中堡村唐墓，是一件唐三彩陶俑的精品之作。

唐三彩是一种低温铅釉陶器，色釉中被加入含有铜、铁、钴等元素的金属氧化物，在烧制过程中随温度变化，形成多种釉色。因为大多包含三种左右醒目的纯色，所以叫三彩。

如果国宝会说话

三彩载乐骆驼俑

唐三彩作为明器使用，是盛唐时期厚葬礼制的产物。这种无意而得的艺术，因其色彩绚烂，成为了大唐的标志。

骆驼，唐人也称之为橐（tuó）驼，从西域一路跋涉，驮来美酒和宝石，也驮来乐器、旋律和流行的音浪。

高大的骆驼背上铺设菱形纹样的毯子，七位男乐师头戴软巾，身穿圆领窄袖长袍，他们面向外侧，盘腿而坐，倾情演奏。他们演奏的乐器有：拍板，是重要的节奏乐器，声音清脆；琵琶，是主音乐器，大弦嘈嘈如急雨，小弦

三彩载乐骆驼俑

切切如私语；排箫，形如凤凰之翼，声如天上流云；横笛，悠扬婉转，箫，飘渺深远；箜篌，十二门前融冷光，二十三丝动紫皇；笙，如鹤鸣于天，曲罢不知处，巫山空夕阳……

被众乐师环绕着的这位女子梳着唐代女性中流行的乌蛮髻，右手前举，左臂后拂，朱唇微启，似在歌唱。

大唐繁盛之时，是一个流光溢彩、绚丽多姿的世界。唐玄宗设教坊、梨园，给宫廷注入了新鲜的血液，他还曾专门下诏，令道调、法曲与胡部新声合作，重设坐、立二部伎。这位擅长击打西域乐器羯鼓的皇帝，可称是世界音乐融合风的推动者，掀起了一股被称作胡汉新声的流行音乐浪潮。

华彩绚丽的宫廷燕乐，技艺倾城的异域音乐家，衣袂飘飞的霓裳羽衣曲，八人乐团随着骆驼的脚步漂移流转，如春天般恣意纵情的狂欢，或许才符合我们对唐朝的想象。

知识链接

唐代的流行乐舞

中原传统的笙、箫、排箫以及外来乐器的代表：琵琶、箜篌、横笛、拍板……这件三彩骆驼俑上的"迷你乐团"向我们再现了唐代乐舞的一个侧影，也展现了中原之音与西域音乐融合的情况。那么，唐朝的人们具体都听什么音乐、赏什么舞呢？今天，就让我们来走近唐代的那些流行乐舞吧！

先来说说音乐，若论起唐代最为盛行的音乐，那肯定是胡乐了。正如诗人王建所描绘的那样："洛阳家家学胡乐"，可以说，胡乐在唐代风靡一时，是当之无愧的"流行音乐"。需要注意的是，"胡"是一个泛称，一切来自域外的音乐都可以叫胡乐，而在众多西域音乐中，最著名的便是龟兹（qiū cí）乐了。龟兹乐也叫龟兹伎，是泛指来自古代西域龟兹国地区（今天新疆库车一带）的乐舞，也可以指后来中原产生的带有龟兹乐成分的乐舞。龟兹地区的民间歌舞十分兴盛，连博闻强识的玄奘也给出了极高的评价："管弦伎乐，特善诸国"，也就是说当地的乐曲表演水平很高。

唐以前，龟兹乐便已经由战争、和亲和民间往来等渠道在中原地区流行，到了唐代作为对唐朝音乐影响最大的音乐，龟兹乐的影响进一步扩大，这一点在"燕乐"中有很好的体现。燕乐就是在宫廷宴饮场合表演的音乐和舞蹈。唐玄宗时，按照演奏形式的不同，在宫廷燕乐中正式设立了立部伎（在室外广场、庭院演奏）和坐部伎（在室内厅堂演奏）。立部伎共8部，坐部伎共6部，其中大部分的乐曲都用了龟兹乐或者是当中掺杂有龟兹乐的成分，龟兹乐的"顶流"身份可见一斑。对此，著名诗人元稹评价道："色色龟兹轰录续"，意思是各式龟兹乐曲在火热地连番演奏。在这件三彩载乐骆驼俑中，男乐师手中所拿的琵琶、箜篌、横笛、笙、箫，都是演奏龟兹乐时要用到的乐器，因此有人也认为，这个七人乐团演奏的是带有龟兹乐风格的音乐。

"天地同和——中国古代乐器展"中的持拍板、吹箫唐俑

唐四弦曲颈琵琶 | 日本正仓院藏

遗憾的是,虽然唐代史书对龟兹乐的记载十分丰富,但龟兹乐的旋律并没有流传下来。不过通过各种文物以及文学作品,不难联想到那必定是节奏鲜明、欢快热烈的音乐。

唐代音乐和舞蹈相结合、相依存。说完了胡乐,接下来就谈谈胡舞。传入唐代的众多西域乐舞,要数胡旋舞、胡腾舞以及拓枝舞最受欢迎了,尤其是胡旋舞,唐太宗可以说是它的头号粉丝了。胡旋舞因为舞者在舞蹈时身体飞速旋转、迅疾如风而得名,杨贵妃、安禄山都十分擅长表演胡旋舞;胡腾

左：坐部伎乐舞图　右：立部伎乐舞图 唐李寿墓石椁（631年）线刻图

舞的特点在于"腾"，以豪放、快速多变的腾踏踢跳著称，舞姿雄健，风格豪迈；相比于胡旋舞与胡腾舞，拓枝舞不仅讲究动作，也重视表情眼神和服饰装扮。跳这种舞的大多都是身姿轻巧的年轻女子，根据记载，她们戴着缀有铃铛的帽子，舞姿优美，轻盈而灵动，随着舞动，帽子上的铃铛也叮叮作响，秋波横转，风姿绰约。

  唐诗中有很多对这三大舞种的生动描绘，比如写旋转如风的胡旋舞是"左旋右转不知疲，千匝万周无已时"；写矫健跳跃的胡腾舞是"跳身转毂宝带鸣，

黄釉乐舞图瓷扁壶 北齐　　　　鎏金铜胡腾舞俑 唐

虞弘墓宴饮乐舞汉白玉浮雕。一男性舞者在圆毯上跳胡腾舞。

三彩载乐骆驼俑

唐代韩休墓乐舞壁画

弄脚缤纷锦靴软";写节奏明快的柘枝舞则是"带垂钿胯花腰重,帽转金玲雪面回",可以说令人充满了遐想。这些胡舞不仅在宫廷间十分流行,在民间也很受欢迎,引得无数长安人竞相学习,可以说赏胡舞、学胡舞已经是当时长安的一种时尚了。

　　音乐是流动的诗,舞蹈是运动的画,唐代乐舞汇聚了汉魏南北朝以来的精粹,又采异域之所长,可惜我们永远也无法获知这些乐舞真实的面貌,只能从吉光片羽中东拼西凑,以窥得那个光彩绚烂的乐舞盛世一角。

(贾楠)

银鎏金论语玉烛龟形酒筹筒

将进酒

银鎏金论语玉烛龟形酒筹筒

馆藏：镇江博物馆
材质：银鎏金
尺寸：高 34.2 厘米
年代：唐

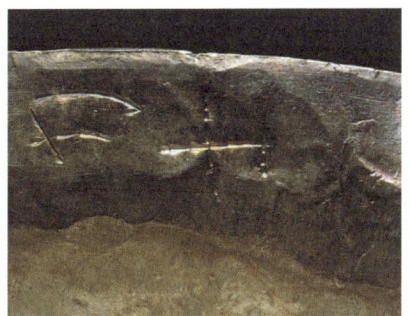

（此剧主演为丁卯桥唐代金银器）

丹丘生：舒州杓，力士铛，李白与尔同死生。
岑夫子：念得好啊，丹丘生。你可知这"力士"二字，是何用意呀？
丹丘生：年齿渐长，头昏眼花。我……我给忘了。你问太白吧。
岑夫子：太白？
李白：我写过的诗太多了，忘了，忘了……
丹丘生：谁人不知，我大唐海内，凡是最高档的金银器，必注明"力士"两字，以彰显华贵。
李白：钟鼓馔玉不足贵，但愿长醉不复醒。将进酒！

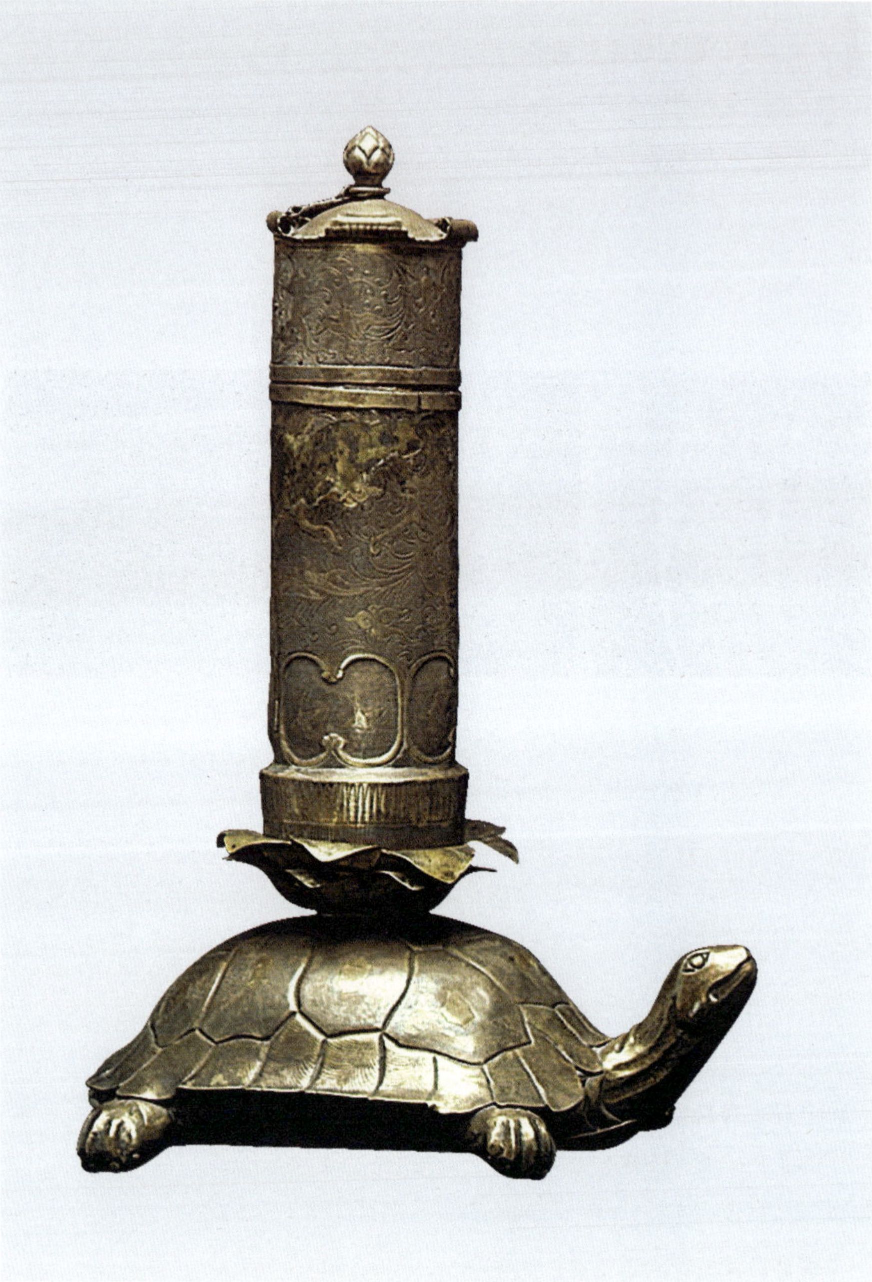

银鎏金论语玉烛龟形酒筹筒

一个时辰后——

岑夫子：唉？李太白，这是什么器物啊？

丹丘生：看着是个稀罕物。此物不在你我的时代，自打"安史之乱"，我就再没见过这样辉煌的酒器了。

岑夫子：嗯，好东西！银鎏金，錾刻技艺，缠枝纹，飞鸟时隐时现。这上面的盖子形似莲花，颇具禅意。可是这下边的金龟……

李白：金龟是道教的神物，四灵之长。

岑夫子：唉？这怎么看着像支蜡烛啊？

李白：算你有见识。此物脚踩金龟，形似蜡烛，是名"龟负玉烛"。

岑夫子：玉烛？

李白：语出《尔雅·释天》，四时和谓之玉烛。这看见了玉烛，就仿佛看见了惠风和畅，太平盛世。

岑夫子：佛、道合二为一。妙物，妙物！

丹丘生：不可言妙。

李白：对，妙不可言！

丹丘生：你看，这是……箸？

岑夫子：唉？非也非也，筹。

李白：说对了，酒筹。酒筹就是酒令，酒令就是酒筹。

丹丘生：这是个游戏啊？哈哈哈！

岑夫子：我且试试。"乘肥马，衣轻裘，衣服鲜好，处十分。"我不喝。

丹丘生：嗯，是不该你喝。太白喝。

李白：凭什么我喝？

丹丘生：这酒筹上写得明白。谁穿得最华贵，谁就该罚一大杯酒。

李白：再来，再来！

丹丘生："与朋友交，言而有信，请人伴十分。"岑夫子，来，陪我一杯。

岑夫子：不妥不妥，咱仨都是朋友，该同饮！

于是，三个人喝了一宿。

岑夫子：李太白，这酒筹上的话，都是《论语》里的说辞啊？

李白：是了是了。这就叫"龟负论语玉烛"。这筒里装的五十支酒筹上，句句都是《论语》。孔夫子劝酒，你能不喝？岑夫子，丹丘生，将进酒，杯莫停。

岑夫子：来来来，抽签抽签。

李白："己所不欲，勿施于人。"放。

丹丘生：放？谁都不用喝了？

岑夫子："己所不欲，勿施于人。"圣人教诲，你敢不从？

李白：我敢！

众人：哈哈哈……

李白：君不见，黄河之水天上来，奔流到海不复回。

众人：君不见，高堂明镜悲白发，朝如青丝暮成雪。

《论语》，语录体著作，记录孔子及其弟子言行。

李白，字太白，诗人。

岑夫子、丹丘生，李白好友。

"论语玉烛酒筹"约制作于安史之乱后，唐代金银器之绝唱。

知识链接

酒中乾坤

所谓"醉里乾坤大,壶中日月长"。酒,品鉴于舌尖的情怀和生活,是侠客行走间的义气豪放,是文人对饮中的洒脱不羁,是市井酒桌上的人间烟火,更是庙堂礼仪中的祭祀社交。古代民族,大多把酒视为蕴含某种力量的神奇之物。祭司通过饮酒到达一种虚无缥缈的状态,以能沟通神灵与先祖,举行祭祀典礼。《礼记》中说"孟夏之月,天子饮酎,用礼乐。"酎(zhòu),指多次重复酿制的酒。周代用于祭祀礼仪等场合的器物很多,酒器的种类亦不少。辽宁省博物馆藏的卷体夔纹蟠龙盖罍,属西周时期文物。罍,始见于商代,流行至春秋时期,是一种盛酒、盛水器。这件器物通体饰复杂的兽纹,器盖蹲踞一条仰首的蟠龙,很是可爱。且有趣的是,在两千多公里外的四川也出土过一尊非常相像的西周青铜罍(léi)。

卷体夔纹蟠龙盖罍　西周　|　辽宁省博物馆馆藏　　　羊首兽面纹铜罍　商　|　四川省博物院馆藏

顾闳中《韩熙载夜宴图》(宋摹本)局部　五代 | 故宫博物院馆藏

　　酒被纳入了维护统治等级的礼乐制度中，也出现在各种宴饮场所。在古人的伦理和价值观中，敬长辈，亲朋友，敬兄弟姊妹等被视为美德，而举办酒宴往往是展现这种美德和人际交往的途径。《诗经》中所谓的宴歌篇幅甚多，大到国君设宴飨宾，小到家中主人置酒款待客人。如《伐木》篇："伐木于阪，酾酒有衍。笾豆有践，兄弟无远。民之失德，乾餱以愆。有酒湑我，无酒酤我。坎坎鼓我，蹲蹲舞我。迨我暇矣，饮此湑矣。"宴席间斟满美酒，盛满珍馐，兄弟交谈莫要疏远了关系。用粗糙的食物招待朋友就是失去了美德，有酒让我饮，无酒则去买来再喝个尽兴。咚咚鼓声为我响，翩翩舞姿令我欢。等到我有闲暇时，一定再把酒喝完。

　　友人间的酒宴，自在活泼，"觥筹交错，坐起而喧哗者，众宾欢也"。但是宴席中怎么喝酒？咱得有套章程，有套玩法，即所谓酒令。我们都听过"画

银鎏金论语玉烛龟形酒筹筒

仇英 《春夜宴桃李园图》 明 | 故宫博物院藏

《李白春夜宴桃李园图》（缂丝） 清 | 辽宁省博物馆藏

银鎏金论语玉烛龟形酒筹筒

蛇添足"的典故，故事中人们行令饮酒，以画完蛇的顺序来决定谁喝那壶酒，亦可视为酒令。唐代酒令最盛，宋人言"唐人饮酒必为令，以佐欢乐"。唐代酒令大体可分为两种：一种是灵活多变的兴行令，行令者要有一定的文学修养；相比之下，另一种借助酒筹行令，更为简单也颇受欢迎。如纪录片中所现，"玉烛"一词最早出现在《尔雅》中，唐代常用"玉烛"指代酒宴中的行令器具，即"劝酒玉烛"。每枚酒筹刻有行酒的令辞，包括采自《论语》的语句，及酒令的具体内容。

缂丝细部 李白

说"与朋友交，言而有信"。友人之间要讲诚信，来朋友，咱俩得喝一杯！或说"君子欲讷于言而敏于行"。君子说话应该谨慎，做事行动要敏捷，但这欢乐的酒席中还保持沉默的人可得罚上半杯酒。酒令与圣人言相呼应，颇具异趣。

从流传的诗词佳句和出土的文物酒具中，我们得以窥见古代文人的诗酒人生。盛唐酒中仙叹天地光阴，浮生若梦，问为欢几何？便在桃李园中饮酒赏景，作诗抒意。你我大多是俗人，没有李白的豪情诗意，也写不出那篇《春夜宴从弟桃花园序》。但也有一些能工巧匠，将他们对这首诗的感受通过其他艺术形式表达出来。

（陈坤）

长沙窑青釉褐彩诗词壶

一别行千里

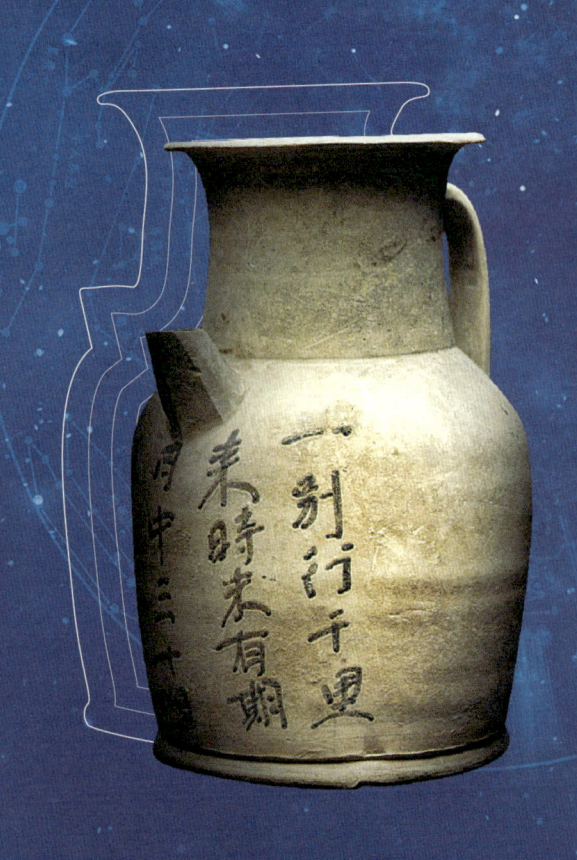

长沙窑"一别行千里"诗词壶

馆藏：长沙博物馆
材质：瓷
年代：唐

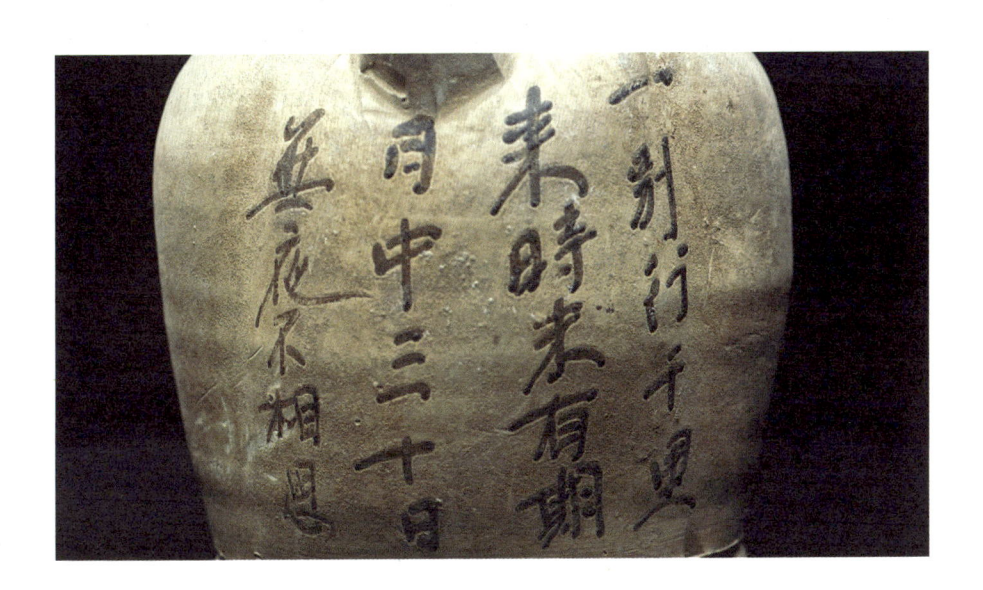

地层如同一座沙漏，计算着朝代的次序，湮没了"无足轻重"的数据。当一切归于尘土，谁能证明普通人曾经爱过？

一柄酒壶，二十个字，记录了一代人的爱情。"一别行千里，来时未有期。月中三十日，无夜不相思。"酒壶腹部的诗句不见于《全唐诗》，可以猜想，这把酒壶曾在临别之际由一对爱人互相赠予，成为他们最后的道别。

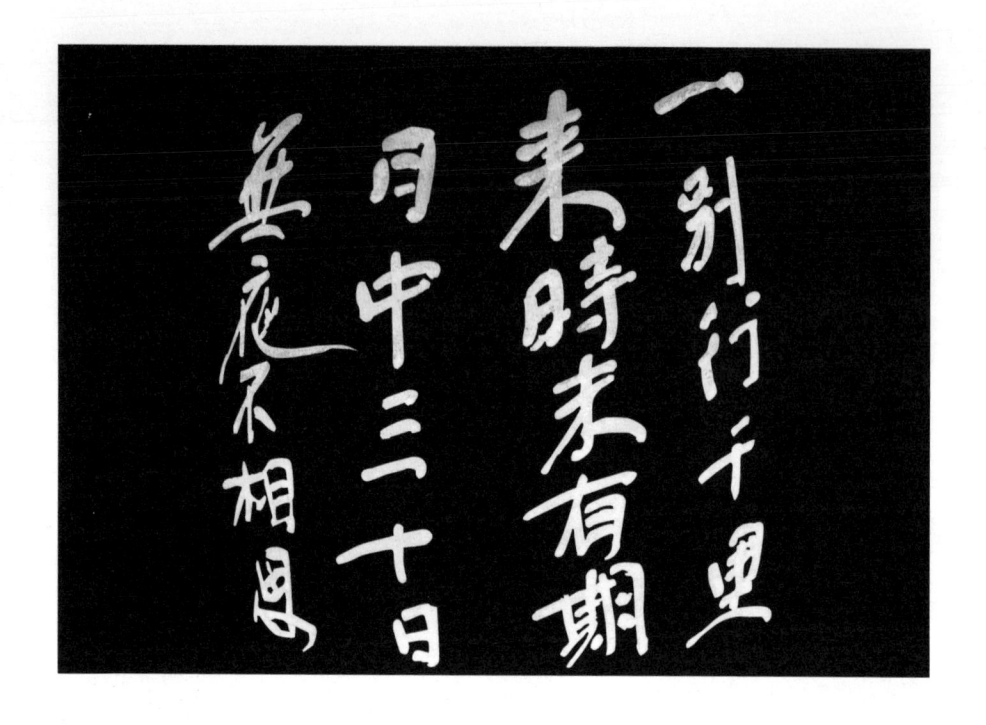

一别行千里,来时未有期。月中三十日,无夜不相思。

不确定的未来,甚至让他不敢作出承诺,只能在心中默默怀想,从此天南海北,一别千里。这首诗平白如话,描述了一段遭受距离考验的感情,而壶身的细节则暗示着这样的相思非常普遍。

长沙窑瓷壶存世量巨大,造型多为唐代经典的酒壶样式,壶口敞开,背装执手,短流凸出,便于倒酒。酒壶设计简单,说明它们成本低廉,是当时寻常百姓都能消费的日常器具。恰因如此,壶身上的诗句得以广泛传唱。"鸟飞平无(芜)近远,人随流水东西,白云千里万里,明月前溪后溪。"白云,流水,飞鸟,旅途,唐人用汉字演算着未知,计算着千里万里,计算着一年一月,却计算不出人心的距离。

长沙窑青釉褐彩诗词壶

大规模生产的瓷器，意味着这样的彷徨普遍存在。公元 9 世纪，一艘远洋商船在今印度尼西亚海域触礁沉没，56,000 件长沙窑瓷器证实了晚唐时期中国城市的繁荣。可以猜测，长沙窑诗文执壶曾广泛使用于唐帝国的旅馆、驿站，为醉眼迷离的旅人提供一点烛光般的温暖。

"黑石号"沉船出土的长沙窑瓷器

更多的选择、更快的交通，让人们走得更远，也让分手变成了一件轻而易举的事情。可以想见，在那个轻易告别的年代，有多少人渴望着一份普通爱情。

时间在泥土里沉降，让爱与不爱变得无从考证。一别行千里，再见是暮年。

长沙窑青釉褐彩诗词壶

器物上的文字为:
君生我未生,
我生君以(已)老。
君恨我生迟,
我恨君生早。

器物上的文字为:
小小竹林子,
还生小小枝。
将来做笔管,
书得五言诗。

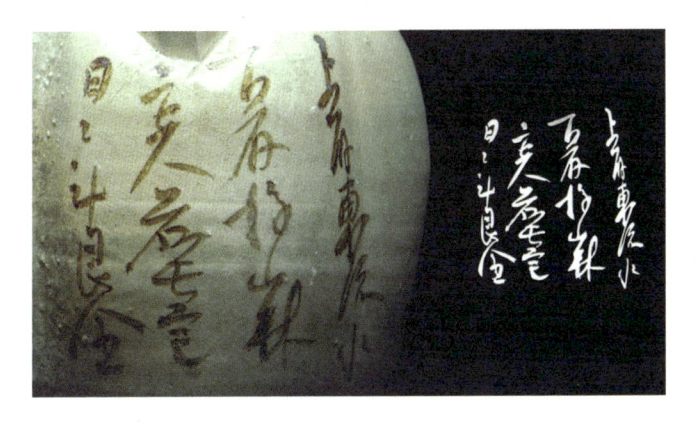

器物上的文字为:
上有东流水,
下有好山林。
主人居此宅,
日日斗良(量)金。

197

"爆款"是怎样炼成的——长沙窑的装饰

在介绍长沙窑之前，不知道你是否听说过"南青北白"这一说法？这是指隋唐时期瓷器生产的格局，形成了以越窑为代表的南方青瓷系统和以邢窑为代表的北方白瓷系统，南方青瓷与北方白瓷争奇斗艳，并立于世。而在这种局面之外，来自湖南的长沙窑，给青白二色又增添了一分彩色。

长沙窑初烧于唐中期，衰于五代时期，是在岳州窑的基础上形成的。它的窑址在如今湖南省长沙市望城区铜官镇石渚瓦渣坪一带，但细数史籍，并没有关于长沙窑的相关文献记载，所以其命名依据的是考古发掘地点，正式名称被叫作"长沙铜官窑"。虽然长沙窑不见于官方记载，但它也拥有着非常广阔的国内外市场。根据考古发现，在我国湖北、广东、福建、广西、江苏、浙江、安徽等省的遗址和墓葬中都有相关发现。不仅于此，日本、朝鲜半岛、东南亚等地域，也曾出现过它的身影。唐代沉船"黑石号"中发现60,000余件陶瓷制品，其中有50,000多件都是长沙窑瓷器，足可见当时海外人们对长沙窑的青睐。

唐代"黑石号"沉船出土的瓷器

长沙窑青釉褐彩诗词壶

长沙窑瓷碗
出自"黑石号"沉船｜新加坡亚洲文明博物馆藏

长沙窑青釉褐彩绿彩莲瓣纹碗
上海青浦区青龙镇遗址出土｜上海博物馆藏

可以说，除却客观的时代因素之外，长沙窑在海内外的畅销，与它自身的工艺成就是密不可分的。接下来，就让我们从长沙窑的装饰谈起，来探秘瓷器界的"爆款"是如何炼成的。

长沙窑瓷器最令人赞叹的，是它对于瓷器装饰的重视以及彩绘的运用。在普遍重视瓷器釉色美的时代，长沙窑转而开辟了一个新的审美方向——瓷器装饰艺术，在瓷器的釉色之外又单独施加彩绘，突破了瓷器的单一色彩，可以说是匠心独运。长沙窑彩绘常用的颜色有褐彩、绿彩、蓝彩、红彩等，常见的组合有青釉褐彩、黄釉褐彩等，色彩搭配清淡雅致，典雅和谐。彩绘题材常见的有人物、花草、动物、山水等，十分丰富。

此外，长沙窑中还运用铜元素作为呈色剂，成功烧制出了红釉瓷器。在古代，铜红釉的制作难度极大，对温度、环境等因素的要求很高，所以烧制出红釉瓷器不是一件简单的事。而长沙窑的铜红釉瓷器，可以说在中国瓷器发展史上具有划时代的意义。尽管在当时这种技艺尚不成熟，瓷器的呈色不是很均匀，但瑕不掩瑜，这也无损于它们绚丽的"红颜"，它的出现对时人来说已然是一种巨大的惊喜，也是从长沙窑开始，古人们对于红釉瓷器的追求，又向前近了一寸。

在装饰技法上，除了彩绘之外，对前代模印贴花工艺的继承、发展与运用是长沙窑的另一大特色亮点。长沙窑所采用的模印贴花工艺是一门将平面变为立体的艺术，简单来说，是用陶泥制作出带有图案的印模，然后粘贴在器物的表面，继而施釉、入窑烧制。如此一来，在烧制好的瓷器上，就会牢牢附着凸出的图案了，花纹和图案也会更加得醒目。武士、胡人乐舞、狮子、鸟兽、椰子树、椰枣纹、棕榈树、葡萄……模印贴花的内容丰富多彩，宛如一部唐代流行风物图鉴。从中也尽显异域风情，适应着海外消费者的需求和审美。

铜红变釉执壶 | 长沙市文物考古研究所藏

在装饰元素方面，除了上述提到的一般图形装饰，长沙窑更是别出心裁地引入了文字装饰，利用诗文来装饰瓷器，别有一番趣味。由于长沙窑的主要消费人群是普通民众，因此瓷器上的题诗读起来朗朗上口，题材内容和用词都十分平易近人，写季节风景是"春水春池满，春时春草生"；写相思之情是"空房对明月，心在白云间"；写边塞离愁是"一日三场战，离家数十年"；

长沙窑青釉褐彩诗词壶

唐长沙窑青釉褐斑贴花椰枣纹瓷壶
出自"黑石号"沉船 | 湖南省博物馆藏

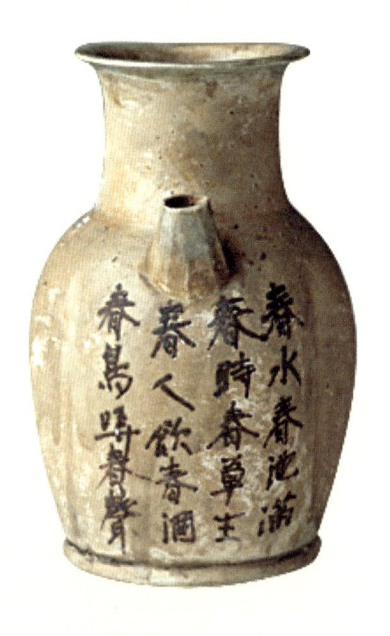

青釉褐彩"春水春池满"诗文壶 |
湖南省博物馆藏

劝学是"意念千张纸,心存万卷书";祝贺旁人则是"主人居此宅,日日斗量金"。诸如种种,就好像一面面反映社会中下层生活、思绪的镜子,怎能不受人喜爱?

总而言之,从装饰技法到装饰艺术,长沙窑凭借自身的特色,在"南青北白"之外,后来居上,开辟出了属于自己的一方小天地。

(贾楠)

阿斯塔那伏羲女娲图

化生万物

阿斯塔那伏羲女娲图

馆藏：新疆维吾尔自治区博物馆
出土：新疆吐鲁番阿斯塔那墓群
材质：绢
年代：6—8 世纪

这是一片古老的土地，地势高敞。公元前 48 年，西汉在吐鲁番地区设高昌壁。唐代，这里作为西州和交河郡的中心，两度成为安西都护府治所。800余年间，或为戍边，或为避乱，大量中原移民来到这片土地，在此生息繁衍。

火焰山与高昌故城之间方圆 10 多公里的戈壁沙丘上，是西晋至唐代的古高昌居民的安息之所。

这是一片古老的天空，星辰璀璨，星空之间是华夏共同信奉的祖神伏羲和女娲。从1959年开始，阿斯塔那古墓群陆续出土了100多幅形制相似的伏羲女娲图，时间大致为公元6世纪到公元8世纪。它们图像质地或绢或麻，呈上宽下窄的倒梯形，或被张挂于墓顶，或覆盖于棺上。天在上，地在下，人居其中，通过星空对天象征性的模拟，幽深黑暗的墓室化为墓主永生乐居的光明宇宙。

伏羲女娲的信仰最早见于先秦，西汉时期由于受阴阳学说影响，伏羲女娲开始以对偶神的形象合并出现，代表了阴阳相对、生生不息。

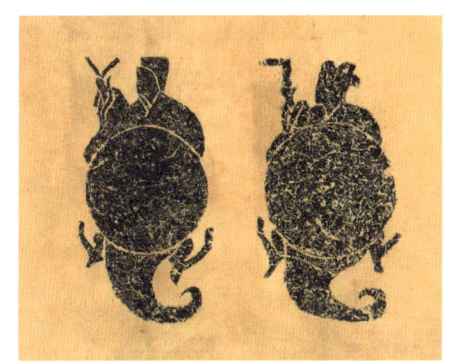

阿斯塔那伏羲女娲图

人首蛇身的伏羲、女娲下身呈蛇尾状，以螺旋结构盘旋相缠，腰间着百褶短裙，二者身着圆领对襟、镶黑边的红底夹缬印花大袖上襦。伏羲在右，女娲在左，两两相对，仅以妆容及头饰区别。女娲右手执规，左手拿着四支用于计算的算筹；伏羲左手执矩，右手拿着弹墨线的墨斗。如果说连体交尾

阿斯塔那伏羲女娲图

的蛇身象征着对生存和繁衍的渴求，代表天地既辟之后万物的化生，那么规矩、方圆、日月、阴阳，象征着混沌初开之时，一个文明为未知定方圆，予世界以尺度的理性和意志。

跟随着移民的脚步，来自中原的文化基因扎根于这片遥远的土地，在四方杂处、时间流变中，伏羲女娲的形象还裂变出更多元的记忆和映像。文化的嬗变在碰撞中发生，也在融合中沉淀。

通过一幅幅伏羲女娲图，亡者终归祖先神灵庇佑的天空之下。虽然世事如苍狗，生命终凋零，但在无常中去追求永恒与绚烂的生命伸张，却保存在我们的文化记忆里。极目不见故土，抬头却是同一片星空。

阿斯塔那伏羲女娲图

> 知识链接

神仙夫妇：西王母与东王公

伏羲、女娲这两位传说中的创世始祖神，是上古神话的代表人物。根据典籍记述和考古发现，可以知道的是，伏羲女娲的形象随时代发展几经变幻。在汉代之前，这两位大神可以说几乎没什么联系，大多数情况是相对独立的存在。将伏羲与女娲相结合是出自汉代人之手，当这股汉风吹拂至高昌时，我们才可以看到他们人首蛇身、交尾缠绕的对称形象。除了面部特征、发型、所拿物品之外，其余部分可以说是一模一样，这种描摹也显示出伏羲、女娲是一对密不可分的对偶神。

无独有偶，在汉代信仰体系下，汉代人还打造出了另一对神仙夫妇，他们的地位同样十分崇高，可以与伏羲、女娲相媲美。他们也成为汉代墓葬图像中最重要题材之一，有了他们的加入，汉代人心中的神仙世界变得更加具象、丰满。他们就是——西王母与东王公，今天就来聊聊这对夫妇的故事吧。

在汉之前的典籍中，西王母的身影便已出现，但记述却不尽相同，几经变化。比如在《山海经》中，西王母是一个半人半兽的神祇，有着豹子的尾巴和老虎的牙齿；而在《穆天子传》中，西王母又被刻画成一位与虎豹为伍的女首领，并以首领身份会见了周穆王。到了西汉初期，西王母完成了她的华丽蜕变，她的形象趋于固定，变成了一位雍容华贵的神灵。

在汉代人的想象之中，西王母居住在仙山——昆仑山上。更重要的是，汉代人认为西王母还掌握着不死之药，普通人只要吃了不死药，就可以获得长生。再加上汉代自皇帝而下的求仙风气的浸润，可以说，西王母成为汉代人所普遍崇拜的女神，在《汉书》中，便有全民求仙、拜西王母的记载。而汉代物质遗存中大量有关西王母的图像，更是直接地映射出了汉代民众对于求仙的狂热。通过这些图像，我们了解了西王母在汉代人心中的具体形象。

由于信仰西王母遍布九州，因此各个区域的人们对她的描绘是各具特色的，以四川地区为例，常见的西王母形象是一位双手笼袖于胸前、正面端坐在龙虎座上的女性，占据了画面的绝对中心，凸显出着她的非凡地位。

西王母画像砖　东汉｜四川博物院藏

东汉摇钱树及其上的西王母

同时，随着时间的推移，西王母所象征的"仙境世界"也在汉代人的想象中日益变得热闹起来。各式珍奇异兽加入其中，比如象征太阳的三足乌、象征月亮的蟾蜍、捣药的玉兔以及九尾狐等等。当然，最重要的创造莫过于西王母的配偶神——东王公了（也称东王父、东皇父）。在东汉的志怪著作《海内十洲记》中，东王公与西王母被描绘为仙界体系中的男女主神，具有崇高的地位，也反映出他们对应、平衡的关系。多数观点认为，东王公的形象是东汉人在阴阳五行的观念下，为了与西王母相对应，仿照西王母的形象创造出来的。甚至还有一些学者认为，东王父的形象原型就是《穆天子传》中的周穆王。

东王父西王母画像镜　河南省固始县出土

东王公西王母纹铜镜　江西省南昌市东湖区建筑材料厂出土｜江西省博物馆藏

无论究竟为何，在东汉及之后的物质遗存中，这对神仙眷侣的身影时常成对出现，有时在旁边还有"榜题"，也就是标记他们名字的文字，根据目前的资料，画像石中最早的"东王父"题记和图像，出现在山东地区的祠堂中。不难联想，一阴一阳，一男一女，在祭拜逝者的祠堂中，以这两位神祇为中心，一个关于神仙世界的构想蔚然成型，成为希冀升仙的象征，寄托着人们对达到永生之境的渴望。

总的来说，两汉时期是西王母信仰的鼎盛时期，东汉时东王公应运而生，这对神仙夫妇跃居为众神之首。在此之后，历经了两晋南北朝的离乱，再加之佛教信仰的传入，西方极乐世界逐渐取代了昆仑仙境，人们对升仙的狂热逐渐衰退。而西王母、东王公也转于道教，逐渐演变成我们所熟知的"王母娘娘"与"玉皇大帝"。当然，这就是另一段故事了。

（贾楠）

鎏金铁芯铜龙

龙行在唐

鎏金铁芯铜龙

馆藏：陕西历史博物馆
出土：1975 年西安南郊草场坡
尺寸：高 34 厘米
年代：唐

　　这是一条唐朝的龙。龙体为铜质，铜内包铁芯，表面通体鎏金，龙身弯曲成 S 形，头高昂。带有三个结叉的长角后伸，紧贴头顶。大嘴张开，露出锐利的牙齿。长舌在口内卷曲上翘，舌尖顶上颚。双目圆睁，炯炯有神。前肢蹬直，前爪弯曲，用力着地，肢爪骨节极为清晰，隐藏着力量带来的美。下腹、后肢与细长的尾巴飘然未落，背上带有两朵祥云，仿佛正从天而降。

鎏金是中国古代最高超的工艺之一。它的特点是鎏金层极其薄，与原胎器物贴合紧密，看不出刻意装饰。尤其是通体鎏金工艺处理的器物，几乎与金器一模一样。但这条飞龙，在唐代金属铸造工艺品中极为少见。铁铸内芯，铁上包铜，铜上再鎏金。这种工艺让它有了华贵的外衣，铁铜的使用则让造型更加坚韧舒展，工匠因此拥有更飞扬的创作空间。

　　在唐人的眼中，龙是吉祥瑞兽。中国的古人夜观天象的时候，发现位于东方的角、亢、氐、房、心、尾、箕，几个星宿相连，便是一条龙的形象。

鎏金铁芯铜龙

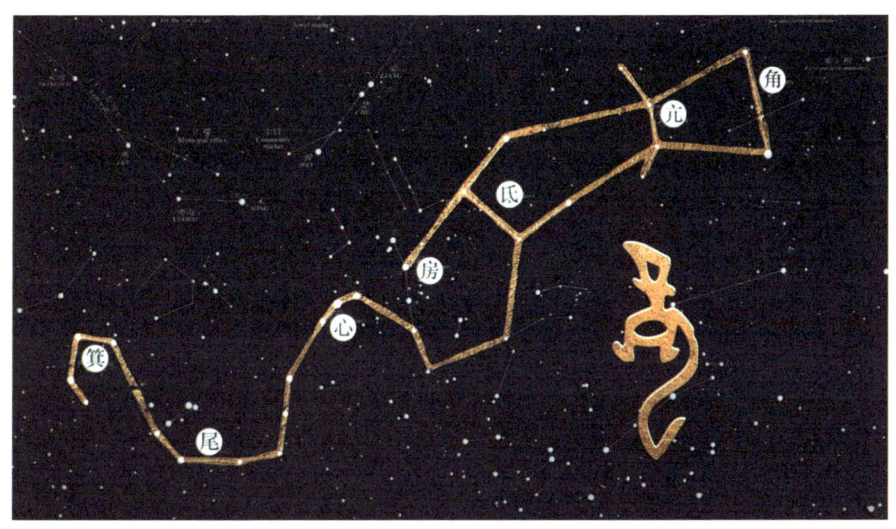

赤金走龙 唐 | 陕西历史博物馆藏

于是他们把这些星宿，合称为"龙星"，来表达他们对龙的崇拜。唐人相信，龙能够把他们的心愿带给上天。于是唐人热衷于举行投龙仪式来祈福，他们将写有祈福或愿望的文简和玉璧、金龙、金钮，用青丝捆扎，投入名山大川，希望得到上天的回应。

215

千秋龙纹镜　唐｜陕西历史博物馆藏

黄地龙纹联珠绮　唐｜新疆维吾尔自治区博物馆藏

唐人把龙的姿态刻在铜镜，把龙的纹样织在丝绸，龙就把面孔、衣袖变成了天空。龙还飞进了唐诗，无论杜甫的"斯须九重真龙出，一洗万古凡马空"，还是李白的"身骑飞龙耳生风，横河跨海与天通"，词句中满是唐人飘逸的气质。李郢的一句"四朝忧国鬓如丝，龙马精神海鹤姿"则让"龙马精神"这个词，成为生命力饱满的代名词。

鎏金铁芯铜龙，飞天而降，轻盈与厚重，飘逸与力量，定格在一瞬。千年过去，盛大的宫殿已化为尘土，长安的街巷已成为灰烬。风云已经万变，飞龙神色不改。侧耳细听，它的泠泠龙吟，正是古老文明的深沉回响。

鎏金铁芯铜龙

🔍 知识链接

有龙则灵

龙是中华民族最古老的图腾之一，是所有中国人共同的精神标记和内涵丰富的文化符号。中国人自古以来就以龙为傲，认为自己是人文意义上龙的传人。龙的形象历经千年的传承，从中华民族先民们对原始龙的图腾崇拜，到秦汉以后成为帝王或皇室的象征。在漫长的历史进程中，龙的文化脉络贯穿中华文明发展的汤汤长河。现代的"龙"文化已经成为中华民族大融合、大团结、大一统的象征，代表着中华民族团结凝聚的精神。

查海遗址位于辽宁阜新蒙古族自治县沙拉乡查海村一处濒临辽河支流饶阳河源的山坡台地上，距今已有8000年的历史。查海先民创造了灿烂的文明，他们营建了成排的房屋，房址间有窖穴。遗址内还设有墓地和祭祀坑，四周围以环壕，形成一座完整的史前聚落。特别值得注意的是查海遗址中心有一广场，广场上摆着一条大型龙形堆石，全长19.7米，是中国迄今发现的年代最早的龙形象。此外，查海遗址还出土了两件龙纹陶片，学者认为两块陶片所表现的动物很可能就是当时人们所崇拜的灵物，且这种卷曲的布满鳞片状的纹饰，符合人们认知中"龙"的形象特征。查海人不仅有龙形象的图腾崇拜，

查海遗址出土的龙纹陶片

217

查海遗址石块堆砌的龙

龙形象					
年代	距今7600年	距今6000年	距今6000年	距今5500年	距今5000年
文化类型	查海文化	仰韶文化	赵宝沟文化	红山文化	红山文化
出土地点	辽宁阜新查海	河南濮阳西水坡	内蒙敖汉旗小山	辽宁建平牛河梁	内蒙翁牛特旗三星他拉

龙形象					
年代	距今5000年	距今4500年	距今4000年	距今3800年	距今3000年
文化类型	仰韶文化庙底沟类型	龙山文化陶寺类型	夏家店下层文化	二里头文化	商文化
出土地点	甘肃甘谷西平	山西襄汾陶寺	内蒙敖汉旗大甸子	河南偃师二里头	河南安阳小屯

而且能制作和使用玉器。辽西地区的史前文明，继查海龙形象之后的就是为人们所熟知的红山文化玉猪龙，著名考古学家苏秉琦先生曾为查海遗址题词："玉龙故乡、文明发端"。

鎏金铁芯铜龙

二里头遗址绿松石龙

  进入青铜时代，龙文化进一步成熟，二里头夏都遗址出土的绿松石龙形器被考古学家誉为"超级国宝"，命名"中国龙"。这条绿松石龙由2000余片菱形鳞纹绿松石镶嵌组成，龙身长64.5厘米，巨头蜷尾，鼻梁由三节半圆形的青、白玉柱组成，蒜头状鼻端由绿松石雕成，梭形眼眶对称，眼珠为圆饼形白玉。龙身曲伏有致，宛若一条游龙。这件绿松石龙形器用工之巨、体量之大、镶嵌工艺之精巧、绿松石用料之多，在目前所见中国早期龙形象文物中是独一无二的存在。

  这件夏代绿松石龙形器不仅是为中华民族的龙图腾找到了最直接、最正统的根源，是真正的"中国第一龙"，而且其高超的技艺实属罕见，其制作工艺包含了原石开采、切割、研磨、穿孔、抛光、镶嵌和拼合等不同技术的体系及组合加工方式，无疑代表了当时最先进的水平。考古人员说："绿松石器加工作坊设施齐全、工序繁多，技术水平高超，都经过长期反复使用，表明这一时期的绿松石器生产制作已经实现了专业化、规模化。"

进入有史时期，与龙有关的文物更是数不胜数，龙的形象不仅多姿多彩，而且质地多样。汉代的龙不仅有青铜器上的龙纹，瓦当上的龙纹，还有玉制的龙形佩等。其中较为特殊的当属山东淄博西汉齐王墓出土的一件矩型龙纹铜镜，呈长方形，长115.1厘米，宽57.7厘米，重56.5公斤。镜正面平正，局部光亮可鉴，背面饰柿蒂纹座，主纹为通体龙纹图案。体大而壁薄，反映其铸造工艺难度之大，被誉为"世界铜镜之最"。镜背面的龙纹图案龙身卷曲，张嘴吐舌，栩栩如生，线条极为自然流畅生动。

矩形龙纹铜镜及线描图

鎏金铁芯铜龙

西汉楚王龙型玉佩 | 徐州博物馆藏

此外，江苏省徐州狮子山西汉楚王墓出土的龙形玉佩，用和田白玉制成。以浅浮雕、透雕技法整体雕出蟠曲的"S"形龙，长18厘米，宽11.9厘米。整条龙鬣毛飞扬，威风凛凛，迸射出力量和气势，龙身上下饰透雕云纹，似腾云驾雾、飞跃于天，具有西汉早期玉龙的典型风格。

西汉时期国家统一而强大，各民族空前融合，是中国古代历史上经济强盛和文化繁荣的时期之一，此时龙的形象已与帝王联系起来，经过后世长足的发展，龙成为具有多种神格的神以及皇权的象征，成为中华文化的重要组成部分。如影片中所述唐代盛行的道教投龙仪式，反应的更是一种龙的神话信仰。当然不止于宗教，宋代的书法绘画、元代的青花陶器、明清的宫廷用器等均体现出人们对于龙的信仰。人们精神世界的龙，通过能工巧匠的双手变为物质载体，降落人间。

(陈坤)

唐彩绘十二生肖俑

十二生肖

唐彩绘十二生肖俑

馆藏：陕西历史博物馆藏
出土：陕西西安孙承嗣夫妇墓
尺寸：高 38—42 厘米
年代：唐

每一个农历新年，生肖间总有一场工作交接。负责当年的属相将责任交给下一位，由鼠始，以猪终。十二年间，每只动物只需值班一年。而从春秋时期起，十二生肖便生活在每一刻的分秒里。作为时间之神，它们掌管的是十二个时辰，从鼠到猪十二种动物按时登场。而在唐代，十二生肖的时刻守护还延续到另一个世界。唐人规定符合一定条件的官员在离世后，墓中一定要有"四神十二时"，即十二生肖俑的守护。

> 文武官及庶人丧葬，
> 三品以上明器九十事，
> 四神十二时在内，
> 九品以上四十事，
> 四神十二时在内……
> 庶人明器一十五事，
> 四神十二时各仪请不置。
> ——《唐令丧葬令》

《唐令丧葬令》对官员随葬生肖俑的规定

　　唐代生肖俑样式丰富。现藏于陕西历史博物馆的十二生肖俑，头部依旧保持动物形态，但是却拥有了人身，披上了唐时流行的宽袖长袍，笔直地立于圆台之上。它们的头微微扬起，神情肃穆，仿佛正立于朝堂的文臣。当我们日常见到，或者存于想象中的动物有了人身，便成为了每个人都拥有的守护神。不论是在哪个时期的神话小说，动物们修炼的目标都是拥有一副人的躯体。但比起动辄就引起大事件的动物神怪们，负责守护时间的十二生肖格外地接地气，甚至会因为自己的同类被吃而找上门去。

　　爱吃羊头，听上去似乎不是什么大事。但是在唐代却有可能一大早被羊首人身、衣冠整洁的"神"找上门来。

"严肃警告！吾'未'之神其属在羊，听说你爱吃羊头，所以特来恳请你不要再吃羊头，否则我可是会杀了你哟！"

开元末，有人好食羊头者，常晨出，有怪在门焉，羊首人身，衣冠甚伟，告其人曰："吾'未'之神，其属在羊，吾以汝好食羊头，故来求汝，辍食则已，若不尔，吾将杀之！"

——《太平广记》

霸气护羊的羊神称自己为"未"之神，是因为当时时间的表达离不开天干地支。作为时间之神，十二生肖的排序与地支相对。当子、丑、寅、卯，变成子鼠、丑牛、寅虎、卯兔后，计时法因我们熟悉的动物而变得更加简单易记，具有人情味。

十二生肖对应着十二时辰、十二个月、十二年，与我们未曾有一刻的分离。生肖计时的习俗历经千年流传至今，当生肖与出生年份对应，我们便拥有了与生俱来的属相。十二种动物从守护神变为陪伴者，我们不仅被生肖守护也被生肖影响，生活在被生肖护佑和象征的世界里。

如果 国宝 会说话

🔍 **知识链接**

十二生肖的秘密

中国的十二生肖，结合地支分别对应子鼠、丑牛、寅虎、卯兔、辰龙、巳蛇、午马、未羊、申猴、酉鸡、戌狗、亥猪共12个。它们是中国传统文化中最具特色的文化符号，直到今天仍然深深影响着人们的生活。在民间，流传有很多关于十二生肖起源、象征的神话故事和传说，十二生肖由此也蒙上了一层神秘的面纱，今天我们就来谈谈关于十二生肖的秘密。

首先关于十二生肖每年交接时间的问题，准确地说生肖之间的衔接并不是按照农历或阳历进行的，而是按照节气。十二生肖的交接是在立春这天开始，立春的同时意味着新属相的走马上任。那么为什么会以立春为节点呢？那是因为无论是阴历还是阳历，每年的时间长度都不完全是365天，每年的长度都有轻微的变化，例如阴历中就存在闰月的现象。那么如果完全按照农

十二生肖民俗花钱 清

历新年来更替属相，在自然生育的前提下，十二生肖属相的概率就会不均等。更重要的，对于传统农耕文明的古代国人来说，干支纪元中以立春为岁首。这是因为节气变化是依据太阳光线的角度来确定的，太阳光线角度的变化会引起气温变化，而这恰恰是农耕社会最重视的。以2021年为例，2021年立春的时间阳历为2月3日，阴历为腊月二十二，因此腊月二十三出生的孩子属相就变成了牛而非鼠啦。

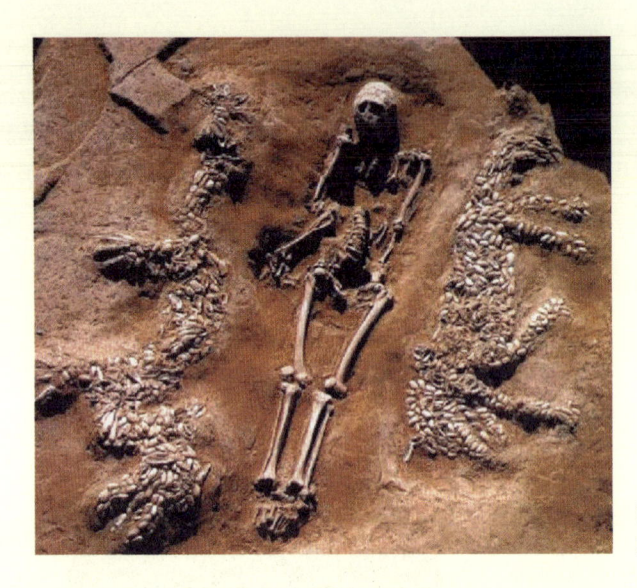

河南濮阳西水坡墓葬中
龙和虎的形象

　　对于十二生肖的选择问题学术界有很多的研究，但是都没有什么确切的结论。总体来看十二生肖可以分为三个部分，第一类为图腾，只有龙一个，龙在传统文化中作为中华民族的象征具有源远流长的历史，距今6000多年前的河南濮阳西水坡墓葬中就发现了用蚌壳塑造的龙和虎的形象，可以说龙这个形象很早就被生活在华夏大地上的先民所熟知。第二类为家畜，有牛、羊、鸡、狗、兔、猪、马共7个，这些动物要么很早就被我们的祖先驯化，例如鸡，要么较早就由西方传播过来，例如马。因而它们都是生活中与我们的祖先息息相关的家畜。第三类则是野生动物，鼠、虎、蛇、猴共4个，这些动物基本也是先民常见的动物。但是对于老虎，很多人觉得现在除了动物园和保护区，其他地方都见不到了。其实先秦时期体型庞大的老虎是比较常见的，而且是民众非常大的威胁，很多聚落的壕沟并不是预防敌人而是抵御老虎类的野兽。综上而言，十二生肖的选择不过是我们的祖先利用他们的聪明才智把周边熟悉的动物形象赋予了特别的功能，可能并没有传说中的那么神秘。

1980年中国邮政发行的
第一枚生肖邮票——猴票

  很多朋友曾经疑惑,既然十二生肖选择的都是生活中熟知的动物形象,那么为什么没有我们熟悉的猫、狮子以及大象等动物呢?这里就不得不提到十二生肖的形成时间。我们熟悉的不代表古人也熟悉,这是古今差异问题。例如猫和狮子,它们进入中国的时间很晚,先秦时期中国有野生狸猫,却没有家猫的影子,我们现在的宠物猫多是丝绸之路开通后慢慢从西域引进的品种,这恰恰反映出十二生肖在秦汉之前就已经定型了。而对于大象这种动物,根据商代甲骨文的记载,商代河南地区还是可以见到大象的,但是随着全球气温降低以及人类开发力度变大,象群逐渐向南方退却,大象成为一种地域性动物,不再具有代表性。因而从这个角度说,十二生肖的确定可能要到商代以后秦汉以前。但是归根到底,十二生肖是先民不断选择、演化的结果而非某位圣贤一时所为,所以我们永远无法得出一个确切的答案。

  十二生肖作为独具特色的中华文化符号已经伴随我们走过几千年,它已经不单纯是一种标识,而是中华儿女骨髓里的基因。如果异国他乡突然有人问起你的属相,这至少说明他和你拥有同一个故乡。

(魏镇)

镶金兽首玛瑙杯

一杯敬万国

镶金兽首玛瑙杯

馆藏：陕西历史博物馆
出土：1970年陕西西安何家村窖藏
年代：唐

粟特古城壁画

　　唐贞观九年十一月，中亚康国的粟特使团抵达长安。他们向唐太宗李世民敬献了一种大如鹅卵，其色如金的金桃。这种水果的滋味到底如何？我们现在已经无从推测了。而那些曾与其相伴入唐的奢华器物，依旧熠熠生辉。

　　镶金兽首玛瑙杯是一件酒器。玛瑙是一种胶状矿物，虽然中国也有出产，但文献言及玛瑙，则多是来自域外的异宝。大型玛瑙极为难得，豁然掘挖为

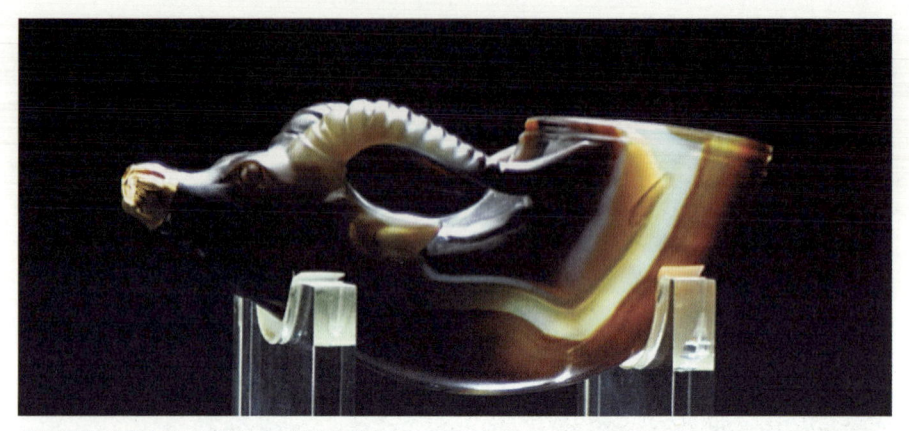

镶金兽首玛瑙杯 唐 | 陕西历史博物馆藏

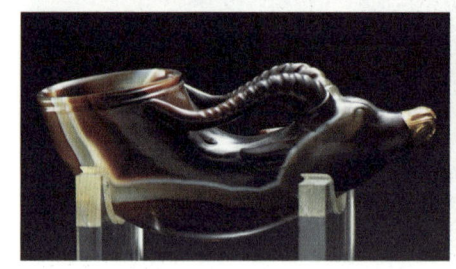

中空的杯子，用心奇绝。玛瑙杯基调为酱红色，间有黄白石材纹理，好像动物的斑纹。玉匠在小端雕琢出兽首，口鼻处镶有金帽，可以拆卸。

多数学者认为，这种端部有兽首，整体呈角形的杯子，是西方所说的"来通"，早在两河流域的亚述帝国及波斯阿契美尼德王朝时期就已经出现。在希腊人的酒神信仰里，来通角杯是圣物，用它注酒可以防止中毒。人们高举盛满美酒的来通，使酒通过小孔流下，如丝线一般注入口中。如果一饮而尽，则是向酒神致敬。有人推测，兽首玛瑙杯很可能最早也是跟着粟特商队流入中原。粟特人爱酒，于是带来了葡萄种植和酿酒技术，也把西域的酒文化带

镶金兽首玛瑙杯

入了大唐。在粟特人的宴饮场景中，经常出现兽首角形酒具，他们的棺椁石刻上，也铭刻下那些一饮而尽的酣畅瞬间。除了美酒和酒具，大到皇家狩猎队伍中的猎豹，小到宫廷贵妇玩耍的拂菻狗，以及各种胡服、胡食、宝马、宝石，都是粟特人从西方各国转运而来的。

镶金兽首玛瑙杯

鎏金鹦鹉纹提梁银罐　唐｜陕西历史博物馆藏

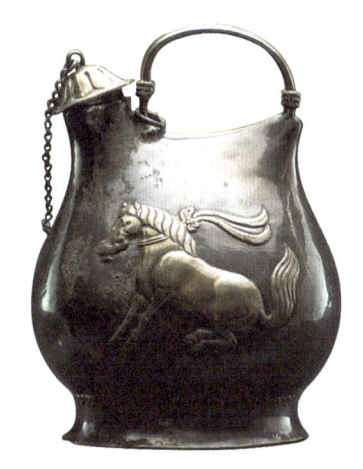

鎏金舞马衔杯纹银壶　唐｜陕西历史博物馆藏

鎏金双狐纹双桃形银盘　唐｜陕西历史博物馆藏

公元6到9世纪，亚洲各地的财富、珍禽异兽和珠宝，经由陆路和海路，被源源不断地运送到了大唐的土地上。随这些舶来品一同来到的，不仅有粟特人，还有波斯人，他们带来新的技术和艺术。那些异域的、开放的、精致的、迷离的美，瞬间征服了大唐。

镶金兽首玛瑙杯，1970年10月5日，出土于陕西西安南郊何家村的一个基建工地上。一同出土的文物多达1000多件，这就是著名的何家村唐代窖藏。金丝盘绕出层层花瓣，团花朵朵。神鸟展翅翘尾羽，舞马衔杯醉如泥。精美纹饰，精湛工艺，太阳般的黄金，月光般的白银，和充满异域风情的舶来品，辉映了中国历史上最耀眼的时代。葡萄美酒夜光杯中，那个强盛的唐帝国散发着一种不可复制、也不可雕饰的气息，绽放着深入骨髓的灿烂和骄傲。

235

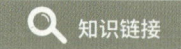

镶金兽首玛瑙杯：一杯敬万国

陕西历史博物院曾被观众戏称为"中国人口博物馆"，去参观过的朋友除了满眼的人山人海，一定还对《大唐遗宝——何家村窖藏出土文物展》有印象。两瓮一罐，收纳包括271件金银器皿在内，及其他宝玉珍饰、贵重药物、中外钱币等共计1000余件文物。华丽的器物以直接的视觉冲击表达着奢华的美感，诉说着那个时代作为国际大都市的长安的骄傲。

大唐遗宝——何家村窖藏出土文物展

在我国考古学的传统中，对于器物进行基础性研究的方法之一就是对其来源进行梳理，从年代、地层、器型等多方面进行分类研究以确定器物演变的谱系或传播的方向。何家村遗宝出土的这件玛瑙杯被视为国内仅见的孤品，杯子下部兽首处的金帽可拆卸，能使液体流出，但需要高举杯子，这种从杯底饮用的方式明显与中原传统不同。结合唐代文化交流的大背景，学者很快将目光转向源自克里特岛的一种器物——"来通杯"。

镶金兽首玛瑙杯

所谓"来通"是由希腊语中意为"流出"的词汇派生出来的。在西方传统中，这种器物被认为是圣物，或能防止中毒，与祭祀有关。早期多呈短而直的圆锥状，底部成兽首，下端有孔。至公元前 5 世纪左右，工匠为来通下部的兽首装饰加上了前肢；希拉和安息的来通底部开始呈圆弧形。公元前 3 世纪，萨珊王朝的来通器身装饰人像，或许与当时的王室及宗教信仰有关。

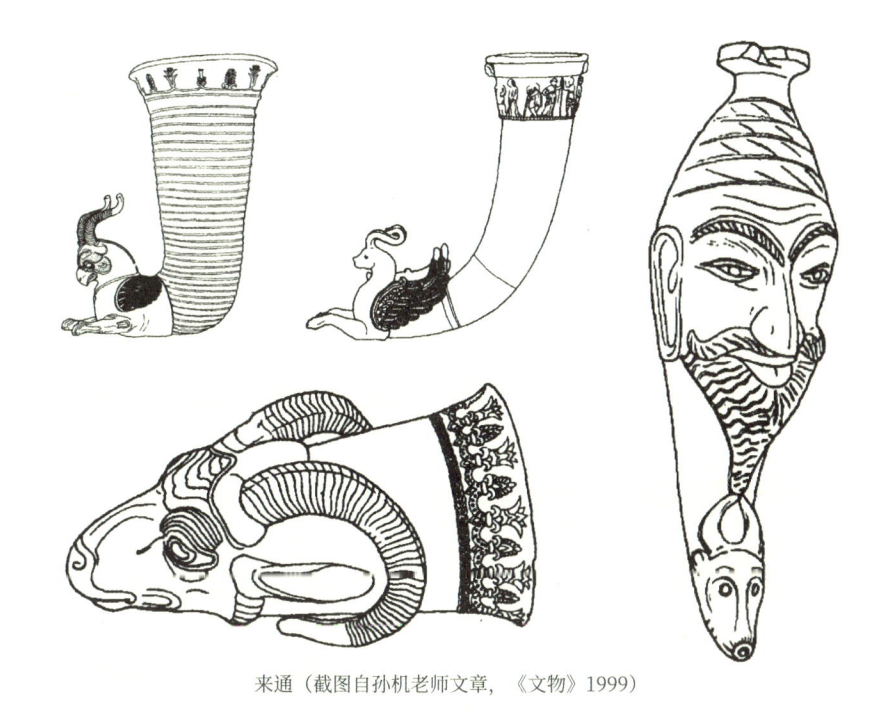

来通（截图自孙机老师文章，《文物》1999）

从器型及艺术风格来看，何家村的镶金兽首玛瑙杯似乎不能贸然放入以上序列，且上述四型来通未曾在和田以东的地区被发现，所以学者将本集的主角归为来通杯的第五个类型。此类型在壁画、其他器物的纹饰中出现过他的形象，但存世的实物十分罕见。陕西历史博物馆馆藏的这件与美国弗利尔和赛克勒美术馆所藏银质来通杯比较相似。

瞪羚角型来通杯 | 美国弗利尔和赛克勒美术馆藏 　　　　镶金兽首玛瑙杯

　　何家村遗宝中共出土三件玛瑙器，除这件兽首玛瑙杯外，还有两件玛瑙长杯，就材质和造型风格而言，两类器物表现出密切的关系。长型器皿是中亚、西亚传统的器类，学者注意到在保加利亚出土的一件银来通的装饰图像上，人物左手高举来通，右手执长杯，这或许是二者配套使用的证明。另有学者指出这种来通与长杯组合，或许与清代《国朝宫史》关于皇族用器制度中"犀杯一、犀捧二"的配置组合有一定联系。

玛瑙长杯 何家村窖藏出土

来通长杯组合细节图

　　从丝绸之路而来的来通杯，传递出的审美情趣亦被先民们接纳、融合。工匠把这种器物的美凝练出来，或与我国本土器物两相结合。西安本地及湖北、河南等地出土了造型上模仿来通杯但保留中原器物使用习惯的杯子。将兽首做艺术处理变为杯把手，底部不再设计出水口，

镶金兽首玛瑙杯

李徽墓出土的三彩杯　唐　湖北十堰　　　　唐墓出土的三彩杯　西安南郊

器物整体既有东方的风韵，又保留了异域的特色，是丝绸之路上中西文化的美妙融合。

何家村窖藏被称为划时代的伟大考古发现，其器物无论从审美意义或是学术研究方面来说，都不愧于"大唐遗宝"的称呼。但何家村窖藏本身也是一个未解之谜，这批器物的主人是谁？什么时间埋藏？又为什么要埋藏起来？学术界至今尚未有统一的结论，这些文物并非同一时期的作品，文献中又缺乏相关史料的记载，有学者认为窖藏宝物的行为应与战乱有关，但又有学者提出质疑：器物经过仔细包装并予以记录，在容器内又放置仔细，条理清楚，可能并非仓皇逃乱时匆匆埋藏，或可看作皇室珍宝库。

宝藏身世的谜题并不妨碍我们欣赏它们的美，这批器物不仅能代表唐代金银器工艺的最高水平，还包含着文化交流中友善互通的精神。这里不仅有中国传统的文化因素，还吸收了波斯的美、粟特的美，甚至大唐在此基础上新融合风格的美，多种文化因素共存，美美与共，展现着大唐的气度与包容。正如齐东方老师在其所著《花舞大唐春》中对何家村窖藏的评价："对文献中关于丝绸之路的浪漫描述，有了真实的感受。"

(陈坤)

法门寺地宫茶具

不如吃茶

鎏金蕾纽摩羯纹三足架银盐台

馆藏：法门寺博物馆
材质：银鎏金
重量：576 克
尺寸：高 27.9 厘米，盘外径 16 厘米
年代：唐

公元 873 年，唐僖宗举行盛大法事，奉归佛指骨舍利还法门寺，并封藏于塔下地宫。1987 年，地宫被意外发现，舍利及数千件珍宝器物出土，震惊世界。其中一套唐朝皇室御用茶具，是我国目前所知时间最早、组合最完整、等级最高的成套茶具。

咸通十四年，上归安佛祖舍利，举行封门盛大法事，举世皆知。特供奉私藏茶具一套，随真身供养。

鎏金飞鸿球路纹银笼子　　　　　　鎏金飞鸿球路纹银笼子 局部

　　笼子一枚，重十六两半。模冲成型，纹饰鎏金，通体镂空。笼口刻有莲瓣，莲瓣化身于净土圣人。天顶盘旋鸿鹄，鸿鹄结对于浩渺云空。天地自然，生生不息。

　　盐台一副，重十三两。盖上有莲蕾捉手，盖子呈卷荷形，盖面饰有四尾摩羯，錾刻叶脉。荷叶底部上卷，好似随风飘摆。台盘平底，中心下凹，宽沿上锤刻以海石榴为花蕊之双层莲瓣。平底饰莲蓬，放置盐与胡椒。三足支架有银丝盘曲伸出，摩羯鱼与智慧珠架于银丝末端。盐台似被云层托举，更显庄严。

鎏金蕾纽摩羯纹三足架银盐台

法门寺地宫茶具

243

金银丝结条笼子

　　结条笼子一枚，重八两三分。笼体椭方形，以银丝编制而成。四足膝部为天龙铺首，取其镇凶辟邪，避祸求福之意。笼盖中部饰有金丝塔形花，衬托莲叶开放，仿佛涅槃，获得另一重生命。

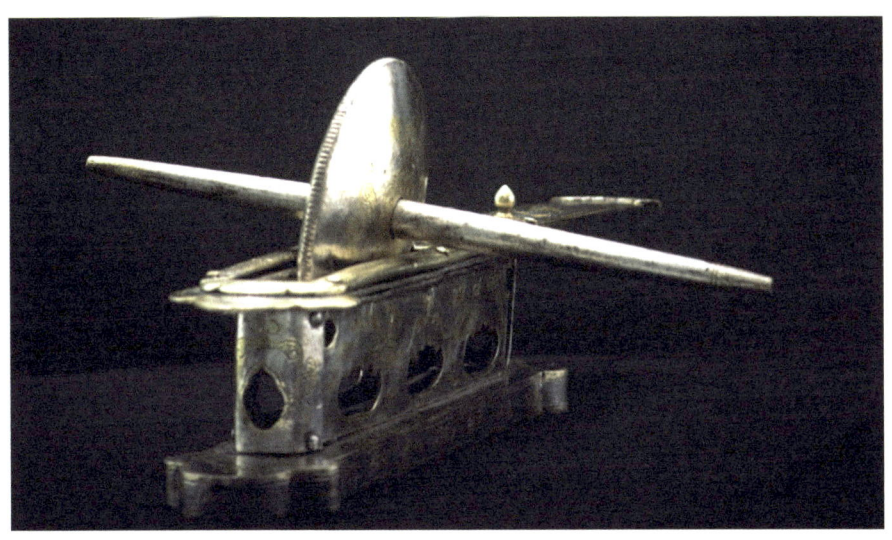

鎏金鸿雁纹银茶碾子

　　茶碾子一副，茶槽底部两端呈如意云头。长方形辖板中央，焊宝珠形捉手，捉手两边各錾一只鸿雁，衬流云纹。碾轴由纯银浇铸成型，自铭曰："重一十三两。"碾轮轴心饰莲瓣团花一幅，及流云纹一周，齿状边缘用以将茶碾碎。至此，茶由叶及饼再成末，如万里祥云，幻化无常。

茶罗一副，罗架两侧有头束发髻，身着褒衣之仙人纵蟠驾鹤。另两端壁面分别饰以山岳云气及飞翔双鹤流云纹。四周饰莲瓣纹，茶罗底錾刻"五哥"二字，为上幼时乳名。

鎏金仙人驾鹤纹銮门座茶罗子

茶者，南方之嘉木也，最宜精行俭德之人。上特于咸通十四年将私用茶具配以虔敬之心，同金银器皿、衫袍席褥、珍宝法器共两千四百九十九件封于法门寺塔下地宫。求佛祖保佑大唐：圣寿万春、圣枝万叶、八荒来服、四海无波！

知识链接

法门寺的宝藏

1981年8月4日，修建于明朝万历年间的法门寺十三级八棱砖塔由于淫雨发生两次倒塌，埋藏在塔身内部的佛像、经卷散落一地。这些文物被寺院内的僧人和文物管理者收起保护，但佛塔本身三分之一荡然无存。1982年开始，考古工作者先后清理了倒塌残余以及塔身岌岌可危的上半部分，到1986年陕西省政府决定恢复真身宝塔原来的面貌，责令考古工作者对塔基部分也进行清理，正是此次清理过程中发现了唐代地宫宝藏，揭开盛世大唐隐秘的一角。

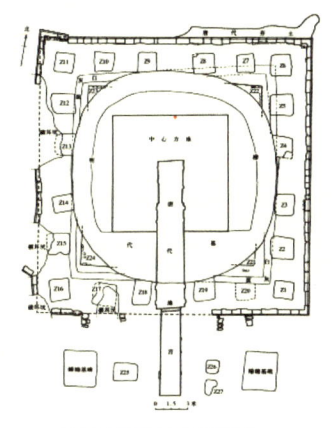

法门寺塔基地宫平面图　　　　1981年法门寺宝塔坍塌情况

法门寺真身宝塔唐代地宫被完整覆盖在明代塔基的底下，且未受到明代修塔工程的破坏，说明当时明代人知道地宫的存在，并有意识地保护了这座地宫。地宫由踏步漫道、平台、隧道、前中后三室和密龛七个部分组成，总长度21.1米，共出土唐代各式文物几百件，更重要的是出土了《监送真身使随负供养道具及恩赐金银器衣物帐碑》，为这些埋藏文物的身份提供了一份详细的清单。就这样，沉睡了1000余年的唐代稀世珍宝群苏醒了。这批宝藏不仅让我们得以窥见盛唐佛教辉煌的一斑，也揭开了很多未解的历史之谜。

首先法门寺地宫宝藏揭露了千年迷案——秘色瓷的身世之谜。秘色瓷是一种越窑瓷器，晚唐诗人陆龟蒙在《秘色越器》一诗中写道："九秋风露越窑开，夺得千峰翠色来。好向中宵盛沆瀣，共嵇中散斗遗杯。"所谓秘色即是指稀少的颜色。又传五代时吴越国王钱镠命令烧造瓷器专供钱氏宫廷所用，并且用来进贡中原朝廷，普通民众不得使用，故将其称之为秘色。但是在历史浩渺的烟云中，人们渐渐忘却了秘色瓷真正的容颜，因而以后各方学人对于秘色瓷到底是什么颜色议论纷纷。直到法门寺唐代地宫开启，地宫内的《物帐碑》明确记载地宫内用以供养的13件瓷器就是秘色瓷，而且这几件秘色瓷也并不完全都是唐代诗人描写的天青色，可能与当时供奉器物的特殊性有关。但是无论如何，法门寺地宫证明晚唐时期越窑秘色瓷已经烧制，为秘色瓷的认定提供了参考的"标准器"。

八棱净水秘色瓷瓶

除此之外，法门寺唐代地宫还发现了目前唯一存世的真身佛指舍利。所谓舍利原本是印度对死后尸体的称谓，在佛教中则把高僧逝后遗留的头发、人骨以及骨灰等都称为舍利，火化后骨灰中残留的固体则被称为舍利子。法门寺唐代地宫的发掘过程中，共发现4枚舍利。其中前室舍利供奉于彩绘阿育王石塔中，是一枚高僧真身舍利。中室舍利供奉于汉白玉双檐彩绘灵帐中，是一枚玉质舍利。后室舍利供奉于唐懿宗八重宝函之中，也是一枚玉质舍利。这三枚舍利都是"影骨"，它们的存在都是为了保护"灵骨"，即释迦牟尼

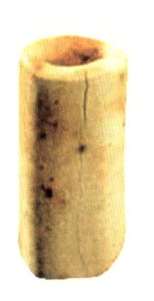

法门寺地宫出土的4枚佛指舍利

的真身佛骨舍利。这枚真身佛骨舍利发现于后室密龛之中，供奉于盝顶铁函之中。这也是目前全世界发现的唯一一枚真身佛指舍利，这枚舍利的发现也使得法门寺成为佛教徒心中的圣地。

法门寺地宫的宝藏带给我们的惊喜远远不止真身舍利与秘色瓷。根据《物帐碑》的记载，地宫中还埋藏了一件武则天的衣裙，武则天本人曾写作《如意娘》，诗文曰："看朱成碧思纷纷，憔悴支离为忆君。不信比来长下泪，开箱验取石榴裙。"可见这类裙摆当是她的心爱之物，这也是武则天为数不多的存世文物。

武后绣裙（残件）

法门寺地宫丰富的宝藏让我们得以窥见唐人奢华的生活，了解唐王朝对佛的重视与虔诚。在咸通十四年（873年）唐朝帝王进行了最后一次归奉佛骨舍利的盛大活动，7年后，唐僖宗匆忙西逃，年底黄巢大军进入长安，伟大的唐王朝终究没能抵抗得住盛极而衰的历史车轮，从辉煌走向没落。

（魏镇）

敦煌经变画

出尘入画

莫高窟 172 窟北壁《观无量寿经变》

馆藏：敦煌研究院
年代：盛唐

　　每一次朝阳穿过尘埃，照亮石窟清冷的墙壁，来自唐朝的色彩就苏醒了。巨大的殿堂如山峰般耸立，沿轴线自前而后分为三进，梁柱密集，屋顶陡峭。高楼四周，楼阁台榭鳞次栉比，广场和走廊逶迤连接。佛陀赫然出现在楼群中央，垂目端坐，两侧簇拥着菩萨和天女。

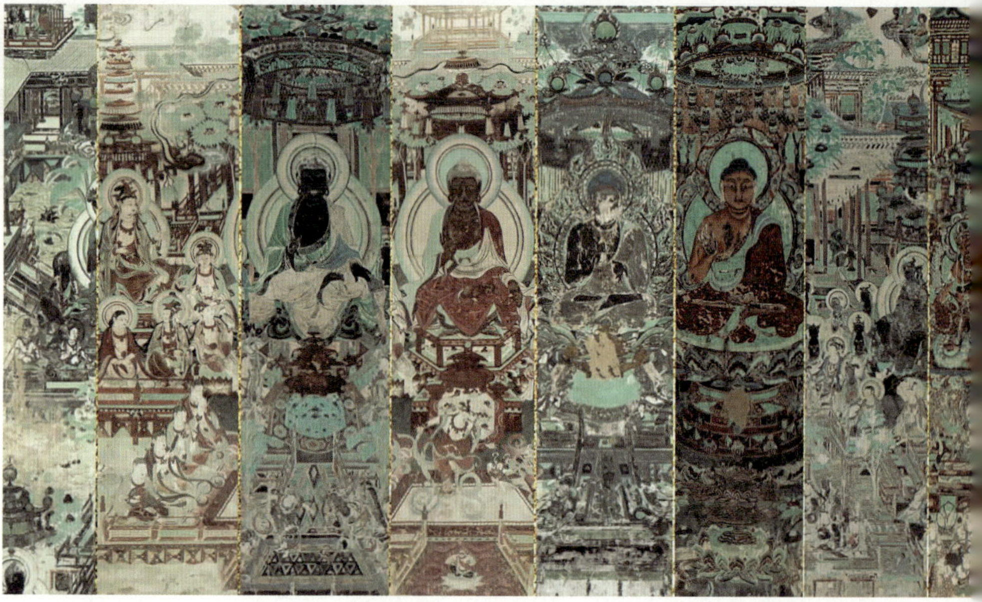

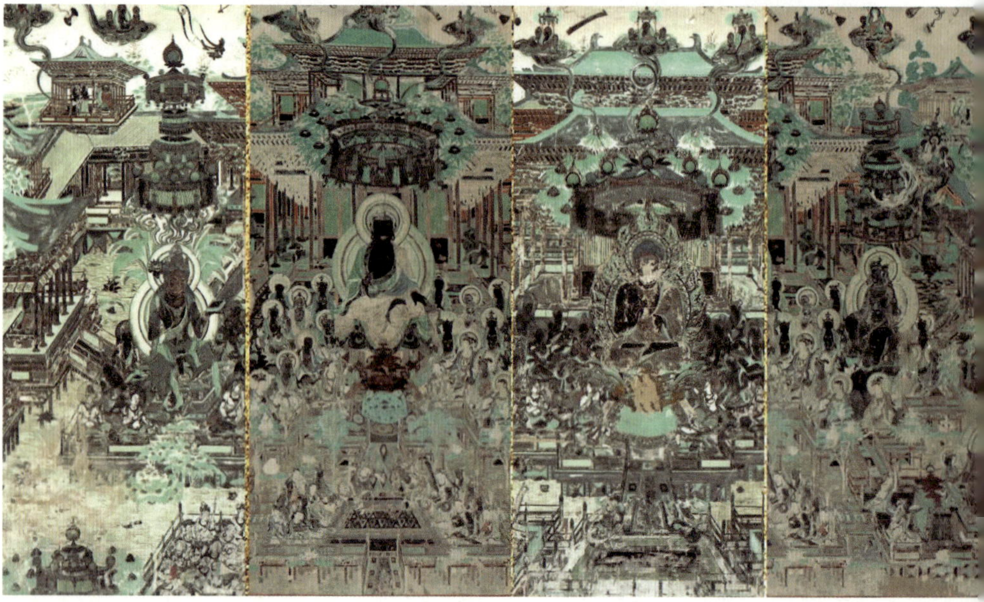

极乐国土，七重栏楯，七重罗网，七重行树，皆是四宝周匝围绕。

——《佛说阿弥陀佛经》

敦煌莫高窟 172 窟北壁的《观无量寿经变》绘于盛唐，描绘的是阿弥陀佛居住的西方极乐净土。经变画依据佛经绘成，为了向世人传达奥义，形象地描绘出各方佛国世界。敦煌唐代经变画，常常借鉴中原的名家样式，用庄严饱满的大幅画面渲染佛经故事。经变画里的极乐世界，如同唐人打造的精神入口。尘中生幻景，此间舞霓裳。

台阶笔直，就似摆在眼前，仿佛凡尘里的人只需沿着阶梯向前一步，便可登入极乐世界。雕栏玉砌，花叶生辉，禽鸟聚集。远望伞盖，近察香炉，都是宫廷才能制造的珍宝。伎乐队伍左右成群，足踩圆毯，蹁跹起舞，取自西域习俗。佛经中的奇幻世界，在画工的笔下变成了现实，迷人的乐土，越来越像对长安奇景的记忆。

莫高窟25窟南壁《观无量寿经变》 中唐｜敦煌研究院

莫高窟172窟南壁《观无量寿经变》 盛唐｜敦煌研究院

视线焦点回到近处，仿佛眨眼间，天女举臂点亮灯树。一时间，暮色中火光璀璨，这不正是长安上元灯会的盛况吗？即使是长安，一年中的大多数夜晚都恪守宵禁制度。唯有上元时节，这座梦幻之都，拥有十二个时辰的光明，白夜如昼。华服琳琅，面具各异的人群追逐着流动的光影，像海中鱼龙般徜徉在无极的快乐中。俗世生活的斑斓，与信仰世界的叠加，生成极乐幻境。天人如世人，彼岸如此生。

唐人佛国之梦的彼岸，却是我们回访故国的大门。这是唐人的想象，也是我们想象中的唐。

壁画中的盛唐——莫高窟 172 窟观无量寿经变

经变画中的"经"是指佛经,"变"是指变相,"经变画"意思就是画家将晦涩难懂的佛教经文形象化,转变成直观的绘画作品。经变画简洁明了地将深奥的佛教经典思想内容表现出来,大大加强了佛教的宣传力度,拉近了与普通信众的距离,也是通过艺术形式展现对佛教的崇拜。

佛教经典中包含了大量的寓言故事和教条哲理,当中有不少都晦涩难懂。为了方便向大众传达佛教经典,把经文转化成图像,一方面可以以图像化的方式向大众传教,加强人们对佛学内容的理解,另一方面也算是一种以艺术形式表达对佛学的崇拜。

在唐代,佛学盛行,并演变出多种流派。在敦煌有着多达近百幅的观无量寿佛经经变画,其原典《观无量寿佛经》是其中一个汉传佛教,净土宗的重要经典之一。从历史记载,净土宗是汉传佛教十宗之一,盛行于唐代。大量净土宗的敦煌壁画皆出自唐。

净土宗在唐代开始达到全盛时期,许多净土宗的高僧都活跃于大唐境内,大量的经变画出现。《观无量寿佛经》为净土宗重要经典之一,以此为题材的经变画十分多。总其数量,在莫高窟共有 89 幅《观无量寿佛经》经变画,数量为敦煌壁画的第三位,仅次于药师经变和弥勒经变。

在莫高窟 172 窟,南北两面的壁画都是以《观无量寿佛经》为题材。尽管内容相同,南北两面的壁画表现却有所不同。在同一个洞窟两壁画上题材相同的壁画,在敦煌并不多见。

《观无量寿佛经》又称《观无量寿经》,是佛教净土宗三大经典之一,与《阿弥陀经》《无量寿经》合称"净土三经"。比起《阿弥陀经》和《无量寿经》,

《观无量寿经》记载了更仔细具体的净土宗修行方式,因此在唐代的经变画中,《观无量寿佛经》出现的次数更多。

《观无量寿经》的主要内容可以分为三个部分,其一围绕一个名为"未生怨"的佛学故事,其二是"十六观",即盈往极乐世界的方法,其三进入西方净土世界有九种不同级别,亦即"九品往生"。

未生怨的故事是一个关于印度摩揭陀国频婆娑罗王及其太子的因果报应故事。故事讲述国王频婆娑罗年老无子,便请来相师算命。相师告诉他在山中有一位修道者,死后将会投胎成为国王的儿子。国王心急,便命人断绝修道者的粮食,使其饿死。修道者投胎成为白兔,国王又派人用铁钉把白兔钉死。

后来王后怀孕，生了太子阿阇世。阿阇世长大后受到别人教唆，发动了政变，把国王幽闭在七重深牢，打算要国王尝试断食饿死的滋味。后来王后偷带食物去探望国王，使国王免于饿死，阿阇世知道后就用铁钉钉死了国王。

未生怨故事的后半部分讲到王后被阿阇世幽禁于深宫，便祈求佛道为她指点。于是佛与目连、阿难二弟子来到了王宫，为她讲明了过去和现在的一切因果报应，并教她如何可以摆脱现世的烦恼，前往极乐世界。据使者的说法，修练方式应按"十六观"的次第，从面朝西方观想落日，慢慢到观西方三圣（阿弥陀佛、观世音菩萨及大势至菩萨）的身相，以及弥陀净土庄严诸相，最后达至西方极乐世界。

这十六观就是《观无量寿佛经》的另一重要部分。十六观又称作十六观法、十六妙观。这十六种观法代表着十六种前往西方极乐世界的修炼方法。这十六观分别为日想观、水想观、地想观、宝树观、宝池观、宝楼观、华座观、像想观、真身观、观音观、势至观、普观、杂想观、上辈观、中辈观和下辈观。

其中，上辈观、中辈观和下辈观又与《观无量寿佛经》提及的佛门九品有关。观无量寿佛经的经文阐释了进入西方净土世界有九种不同级别，亦即"上、中、下"三辈九品往生的位阶。九种分别为上品上生、上品中生、上品下生；中品上生、中品中生、中品下生；下品上生、下品中生、下品下生。

在172洞窟，无论是南壁还是北壁，均以中堂条幅三联式来表现观无量寿经变。活壁的中堂绘画了西方净土的面貌，两侧以连环画的方式，用数帧来讲述未生怨故事和描绘十六观。观无量寿佛经壁画既有寓言故事，也包括了一些佛教理论系统，是一幅很完整的巨型壁画。

172洞窟观无量寿佛经经变画除了内容引人入胜，为唐代佛教盛行的象征，其艺术成就也十分高。巫鸿就曾指出172洞窟无量寿佛经经变画是唐代新山水画风格的例证，不愧是我国重要的文物瑰宝。

（连泳欣）

中国历史年代简表

旧石器时代	约 170 万年前—1 万年前
新石器时代	约 1 万年前—4000 年前
夏	公元前 2070 年—公元前 1600 年
商	公元前 1600 年—公元前 1046 年
西周	公元前 1046 年—公元前 771 年
春秋	公元前 770 年—公元前 476 年
战国	公元前 475 年—公元前 221 年
秦	公元前 221 年—公元前 206 年
西汉	公元前 206 年—公元 25 年
东汉	公元 25 年—公元 220 年
三国	公元 220 年—公元 280 年
西晋	公元 265 年—公元 317 年
东晋	公元 317 年—公元 420 年
南北朝	公元 420 年—公元 589 年
隋	公元 581 年—公元 618 年
唐	公元 618 年—公元 907 年
五代	公元 907 年—公元 960 年
北宋	公元 960 年—公元 1127 年
南宋	公元 1127 年—公元 1279 年
元	公元 1206 年—公元 1368 年
明	公元 1368 年—公元 1644 年
清	公元 1616 年—公元 1911 年
中华民国	公元 1912 年—公元 1949 年
中华人民共和国	公元 1949 年成立

《如果国宝会说话》第三季主创人员

总 监 制	薛继军　关　强
监　　制	庄殿君　梁　红　陆　琼
总制片人	史　岩　范伊然
制 片 人	徐　欢　罗　娟

总 导 演	徐　欢
执行总导演	张越佳

分集导演	汪　喆　冯　雷　崔　宇　徐大拿　张越佳　丁曼文　沈　顽 祝　捷　车　钰　张　弛　潘　懿　寇慧文
撰　　稿	宋凌琦　崔　宇　汪　喆　王　磊　曾　辉　杨　栗　陈韶瑜 喻　江　张经纬　丁曼文　张　弛　祝　捷　潘　懿　师永涛 王光伟　曹　林　汪星宇　寇慧文　张　舒
剪　　辑	汪　喆　魏　尔　徐大拿　杨　玲　杨金蓉　丁曼文　车　钰 潘　懿　王　聪　金天龙　崔　宇　包卓灵
导演助理	张　舒　王亚男　陈国超　张开亮　王　晶　郭　莹　黎如雪 郭婉君　陶　醉　谭　瑶　马雪梅　张新元

策　　划	和耀红　师永涛　李　晨　潘　懿　崔　宇　杨兆凯　黄　娜
学术顾问	郑　岩　龚　良　赵声良　葛承雍　谢小凡　李耀申　孙　机 赵　丰　于志勇
文博专家	娄　婕　华　林　侯　敦　倪文东　邱才桢　龙　友　李　晨 付卫杰　张　焯　宁　波　于赓哲　徐　铮　罗　群　王　磊 龚　剑　王　炬　左　骏　莫　阳　董　榕　贺　华　路　远 郭　物　王　超　师永涛　智　朴　谈晟广
文学统筹	喻　江

261

如果国宝会说话

总 摄 影	杨明阳
摄 影	郑 鑫　王少斌
摄影助理	杨升阳　杨浚源　李维克
灯 光 师	杨明阳　王立杰
航拍摄影	时英男　孙 昆　陈剑建
视效承制	喆和子安视觉工作室
视效导演	汪 隆
视效统筹	徐大拿
动画制作	何志泉　张雅欣　刘巧芳　momo　刘 勇　林哲宇
视效助理	郭志旭
三维技术支持	新维畅想数字科技（北京）有限公司
三维数字采集	党 杰　潘建磊　柴铭杭　陈宏利　李 钧　韩岱君　吴俊雨　辛吉祥　刘 岩
后期制作	赵国辉　王 振　刘 娜　赵成瑜　蒋莉璇　张 桩　张 博　韩岱君　贾 楠　赵 林
海报设计	北京竹也文化传播有限公司
音频制作	北京沐肆洲文化发展有限公司
音频监制	王 同　高宝喜
音频统筹	王 博　甘育菲
声音编辑	汤君彦　唐路霁　张 伟　于方舟
配音导演	王宇腾
配 音	贾小军　王 磊　杨 默　陈 喆　瞳 音　陆皓婕
解 说	杨 晨
音乐总监	陈其钢
作 曲	吴 军　缪薇薇　李 博

演　　　奏	朱亦兵　陈雷激　常　静
乐　　　团	国际首席爱乐乐团
乐团总监	李　朋

音乐录音混音棚	雨黎音乐工作室
音乐制作	许　扬
统　　　筹	侯　湃

后期包装	魁天（北京）文化传媒有限公司
制作统筹	孙　逊　廖　丹
合成制作	郑　华　金　钊　白志祥　吴鹏飞
后期调色	大　亨
素材转换	李国柱　于芷晴　李　雪

文字校对	陈　婧

节目统筹	曾庆超　车　钰　曹　林
制　　　片	赵　茜　王　瑞
制片主任	杨　波
项目监制	李向东　张津林
项目承制	央视纪录国际传媒有限公司
播出总统筹	石世仑
宣传总统筹	张雪梅
编　　　审	周东元
项目管理	梁　栋　王华伟　钱春峰
播出管理	刘　茜　兰孝兵

如果国宝会说话

责任编辑	袁 峰　郝蕾蕾　唐 野　李振宇
编播统筹	陈妍妍　聂 茸　霍志坚　符 甦　欧阳秉辉　苏 丹
宣传管理	李艳峰
宣传统筹	王春丽　张晨明　杜袁腾
新媒体推广	王彩臻　马梦莹　汪晓琳
新媒体传播	丁曼文　佟 欣　曾 辉　汪星宇　黄山雨
互动产品策划	张艺驰
宣传运营	中视实业集团有限公司
视频推广	周 俊
视频统筹	白 晓　熊兰武　钱希鹏　张 鹤　郭人和　刘 畅　吴 悦　邢克韩　唐 慧
运营管理	殷 骏　郭 宁
运营统筹	宋鹏洋　张雨辰　苏靖元　耿 岩　宋 涛　孟亚丽　张 涵　李芃芃　李 琪
后期合成	北京中视北方影视制作有限公司
技术监制	智 卫　崔建伟　赵贵华
技术统筹	栗小斌　朱真铁

协助拍摄	中国文物交流中心
	中国文物报社
	中国国家博物馆
	云岗石窟研究院
	辽宁省博物馆
	大同市博物馆
	固原博物馆

西安博物院

陕西历史博物馆

中国丝绸博物馆

龙友艺术工作室

青州博物馆

敦煌研究院

青海省文物考古研究所

清华大学艺术博物馆

齐物古器物研究工作室

西安碑林博物馆

昭陵博物馆

陕西考古研究所

洛阳市文物考古研究院

中国国花园

山西省永济市文物局

国家人文历史

吐鲁番市文物局阿斯塔那古墓文管所

北京大学考古文博学院源流运动

新疆文物考古研究所

法门寺博物馆

图书在版编目（CIP）数据

如果国宝会说话.第三季/《如果国宝会说话》节目组编著.--北京：五洲传播出版社,2022.1(2024.11重印)
ISBN 978-7-5085-4715-2
Ⅰ.①如… Ⅱ.①如… Ⅲ.①历史文物－中国－通俗读物 Ⅳ.①K87-49
中国版本图书馆CIP数据核字(2021)第220294号

如果国宝会说话 第三季

著　　者：《如果国宝会说话》节目组
出 版 人：关　宏
知识链接：智　朴 等
责任编辑：樊程旭
设计制作：北京青心见画文化艺术有限责任公司
出版发行：五洲传播出版社
地　　址：北京市海淀区北三环中路31号凯奇大厦B座6层
邮　　编：100088
发行电话：010-82005927,010-82007837
网　　址：http://www.cicc.org.cn,http://www.thatsbooks.com
印　　刷：河北京平诚乾印刷有限公司
版　　次：2022年08月第1版　2024年11月第7次印刷
开　　本：787x1092　1/16
印　　张：17.5
字　　数：200千字
定　　价：58.00元